La Loi du 29 Décembre 1905

sur la

CAISSE DE PRÉVOYANCE

des

MARINS FRANÇAIS

—o—

D. DELÉARDE

Administrateur technique de la Compagnie d'Assurances
contre les Accidents « *La Concorde* »

Extrait du *Recueil spécial des Accidents du travail*

(Nos de Mai, Juin et Juillet 1906)

PRIX : 2 FRANCS

EN VENTE

aux Bureaux du *Recueil spécial des Accidents du Travail*

49, RUE RICHER, 49

PARIS

La Loi du 29 Décembre 1905

sur la

CAISSE DE PRÉVOYANCE

des

MARINS FRANÇAIS

—·O·—

D. DELÉARDE

Administrateur technique de la Compagnie d'Assurances
contre les Accidents « *La Concorde* »

Extrait du *Recueil spécial des Accidents du travail*

(Nos de Mai, Juin et Juillet 1906)

PRIX: 2 FRANCS

EN VENTE

aux Bureaux du *Recueil spécial des Accidents du Travail*
49, RUE RICHER, 49
PARIS

LA LOI DU 29 DÉCEMBRE 1905

SUR LA

Caisse de Prévoyance des Marins Français

———·✕·———

La loi du 21 avril 1898 ayant pour objet la *création d'une caisse de prévoyance entre les marins francais contre les risques et accidents de leur profession* a été remplacée par la loi du *29 décembre 1905 sur la Caisse de Prévoyance des Marins français* qui a abrogé toutes les dispositions antérieures contraires à ses dispositions et est exécutoire à partir du 1er janvier 1906.

Pas plus que sa devancière, la loi du 29 décembre 1905 n'a fait l'objet de la moindre discussion au Parlement, les orateurs qui s'étaient fait inscrire à la Chambre pour prendre la parole n'ont pas maintenu leur demande d'inscription.

Le rapport de M. Le Bail, député du Finistère, bien que désigné comme annexe au procès-verbal de la 2e séance du 5 juillet 1905, n'a été déposé et distribué que dans les derniers jours du mois de novembre suivant et c'est à la 2e séance du 14 décembre 1905 que la Chambre vota sans la moindre objection le projet qui lui était présenté par sa Commission de la Marine. Ce projet, transmis immédiatement au Sénat, fut envoyé à la Commission de la Marine et, dans la séance du 16 décembre, M. Monis, rapporteur, lut son rapport et fit voter, sans l'ombre d'une observation, le projet tel qu'il était transmis par la Chambre des Députés.

Bien que le titre de la nouvelle loi ait été changé, celle-ci a néanmoins respecté l'ancienne dans ses principes essentiels, à savoir que la protection s'étend à tous les risques de la profession des marins, accidents et maladies, éprouvés au service de l'armateur.

La loi du 29 décembre 1905 a cependant apporté des modifications profondes portant sur l'extension de la garantie au personnel non inscrit naviguant, sur la participation des participants qui a été sensiblement réduite et celle des armateurs, par contre, assez considérablement augmentée, ainsi que sur le chiffre des pensions qui a été pour certaines catégories plus que sextuplé.

Voici, sur ces modifications, quelques explications :

Art. 1er. — La loi du 21 avril 1898 ne s'appliquait qu'aux inscrits maritimes et laissait en dehors de sa sphère de protection les navigateurs civils non inscrits naviguant au long cours, au cabotage et aux grandes pêches. Cette catégorie de *navigateurs* ou *agents civils* comprend les commissaires, les médecins, économes, maîtres d'hôtel, cuisiniers et domestiques des deux sexes, femmes de chambre, subrécargues et autres agents embarqués sur les navires de commerce et ne concourant pas à la manœuvre du navire. Leur nombre est pour la métropole et les colonies de 5,000 environ.

L'exclusion qui atteignait ces auxiliaires si utiles de la navigation ne se justifiait pas, car les non-inscrits figurent sur le rôle de l'équipage et sont assujettis aux règles de la discipline du bord. De plus, leur assimilation avec les inscrits est complète au point de vue de l'application de l'article 262 du Code de commerce, du privilège du rapatriement, et de l'insaisissabilité des salaires. Enfin, s'ils ne participent pas, comme le marin au service actif de la navigation à bord et à ses fatigues, il n'en est pas moins vrai qu'ils font partie du personnel embarqué et sont exposés aux mêmes dangers.

Il était donc juste d'accorder aux non-inscrits la même protection qu'aux inscrits, c'est ce qu'a très équitablement fait la loi du 29 décembre 1905 par la rédaction de l'article 1er, mettant ainsi fin à toutes les appréciations diverses des Tribunaux relativement à l'application de la loi du 9 avril 1898 aux marins non-inscrits maritimes.

Le même article 1er maintient que la loi ne comprend que le personnel français, elle laisse de côté les étrangers : la législation applicable à ces derniers sera donc celle du droit commun et, comme il y a fréquemment dans le personnel non-inscrit un certain nombre d'étrangers, puisque ceux-ci peuvent atteindre le 1/4 de l'ensemble des marins embarqués à bord d'un navire, il se trouve que la nouvelle loi laisse subsister des droits différents pour le personnel d'un même navire, alors qu'elle avait pour but, par l'incorporation des non-inscrits, d'unifier la garantie au même titre que les risques.

Dans la circonstance, les étrangers sont moins bien traités que dans la loi du 9 avril 1898 applicable aux ouvriers terriens, car la loi du 29 décembre 1905 n'a prévu à leur égard aucune disposition, et ils restent aux risques de l'armateur contre lequel ils n'auront recours qu'en vertu du droit commun.

Il est permis de se demander quel est le droit commun qu'ils invoqueront.

Sera-ce le Code civil (art. 1382 et suivants) ou la loi du 12 avril 1906 étendant aux entreprises commerciales les dispositions de la loi du 9 avril 1898?

Aux termes de l'article 633 du Code de commerce, sont réputés actes de commerce « tous engagements de mer pour le service de bâtiments de commerce »; il s'ensuit que si les inscrits et non-inscrits français ne peuvent, en raison de la loi du 29 décembre 1905 qui les concerne, se prévaloir de la loi du 12 avril 1906, les étrangers ne manqueront pas de réclamer l'application de cette dernière loi pour obtenir les avantages de la loi du 9 avril 1898 dont les dispositions sont plus favorables et la procédure plus facile que les articles 1382 et suivants du Code civil.

Il existe donc là un conflit de juridiction qu'il sera intéressant de voir résoudre, et, comme il nous parait difficile légalement de refuser l'application de la loi du 12 avril 1906 aux marins étrangers embarqués à bord d'un bâtiment de commerce, il se trouvera qu'à bord du même navire le personnel, suivant sa nationalité, sera assujetti soit à la loi du 29 décembre 1905, soit à celle du 9 avril 1898. Ce n'est certainement

pas ce qu'ont voulu les auteurs de la nouvelle loi, puisqu'ils avaien
rejeté toute application de la loi du 9 avril 1898 au personnel maritime,
en refusant le projet qu'avait préparé une commission interparlemen-
taire instituée par le ministère du commerce.

Il y aura lieu d'amender la loi du 12 avril 1906 en la déclarant non
applicable aux marins du commerce, quelle que soit leur nationalité, si
l'on tient à résoudre le conflit de juridiction relevé.

Pour les marins étrangers embarqués sur des navires de plaisance,
ce conflit de juridiction n'existe pas et ces marins ne pourront invoquer
à l'égard des propriétaires de ces navires que les articles 1382 et suivants
du Code civil.

LE NOUVEL ARTICLE 1ᵉʳ stipule que la loi s'applique à tout le personnel français *embarqué* sur tous les bâtiments de mer français autres que les
navires de guerre ou ceux exclusivement affectés à un service public. Il
s'en suit que le critérium de l'application de la loi n'est plus le rôle de
l'équipage, mais bien le fait de l'embarquement dûment établi sur un
bâtiment de mer. ce bâtiment fût-il un bateau de plaisance même muni
d'un simple permis de navigation.

Art. 2. — L'ARTICLE 2 de la nouvelle loi modifie les conditions établies par la loi du 21 avril 1898, l'article 81 de loi de finances du 30 mars
1902 et le décret du 8 décembre 1902, pour les recettes destinées à la
Caisse de Prévoyance ; celle-ci est toujours alimentée par les cotisations
des participants celles des armateurs, cotisations dont il sera question
à propos des articles 3 et 4, par des dons et legs de particuliers et par
des subsides éventuels des départements, des communes, des établissements publics et des associations ; mais comme on a considérablement
augmenté les rentes et indemnités. il a fallu créer de nouvelles ressources et, comme aliments nouveaux, on a prévu : 1° *Une subvention
accordée sur les fonds provenant de la retenue des 6 0/0 sur les
primes à la marine marchande et fixée annuellement par le Ministre de la Marine dans la limite des deux tiers* du montant de ces
fonds, on estime que cette subvention donnera une somme annuelle de
1,800,000 fr. ; mais cette retenue sera faite d'après les dispositions de la
nouvelle loi du 19 avril 1906 sur la marine marchande qui, aux termes
de l'art. 7, fait inscrire au budget du Ministère de la Marine des crédits
égaux aux primes à la marine marchande, afin d'éviter l'inconvénient
de représenter comme versées par les constructeurs aux institutions
d'assistance maritime des subventions dont la charge est supportée par
le Trésor public. Il est à remarquer que la nouvelle loi sur la marine
marchande n'a d'effet que pour une durée de 12 années, de sorte qu'on
peut se demander, en admettant que cette loi ne soit pas modifiée
comme l'a été celle de 1902 qui l'a précédée, si ce chapitre de recettes est
bien fixe et ne subira pas des fluctuations que seul peut empêcher le
maintien perpétuel au budget de la Marine de la somme de 1,800,000 fr.
ci-dessus prévue et indispensablement nécessaire pour le fonctionne-
de la caisse.

2° Une retenue qui ne pourra dépasser, dans aucun cas, 0 50 0/0
pour cent francs. sur les marchés à passer en France pour les dépenses
de matériel de la marine ; cette retenue aurait pour but de créer le
supplément des ressources nécessaire au fonctionnement de la Caisse
de prévoyance et à l'équilibre du système financier inauguré par le pro-

jet. C'est un retour de la retenue de 3 0/0 qui, depuis l'édit de mars 1713, a existé jusqu'à sa suppression par la loi de finances du 29 décembre 1882. Dans son projet de ressources de la Caisse, le Ministère de la marine prévoit l'application du taux de 0,40 0/0 au lieu du maximum de 0,50, pour une recette annuelle de 536,000 fr.

Pour cette recette, M. Le Bail estime, contrairement au raisonnement tenu pour la subvention accordée sur les primes de la marine marchande, que le chiffre modeste de 0,50 0/0 sur le montant des marchés de la marine peut faire présumer que cette retenue n'influencera guère les marchés des fournitures et que les conséquences les plus heureuses en résulteront pour la Caisse de Prévoyance sans que l'Etat reçoive la répercussion de la réforme. Il faut mieux ne pas être affirmatif en la circonstance, car ces adjudicataires des marchés de la marine sauront tenir compte dans l'évaluation de leurs prix de la charge dont on va imposer la valeur de leurs marchandises.

La loi ne prévoit la retenue que sur les marchés passés en France, à l'exclusion des achats effectués à l'étranger, en vue, dit le rapporteur de la Chambre, « de mettre à l'abri de tout soupçon la réputation de nos commandants de division et de bâtiments à l'extérieur. A maintes reprises, ces derniers ont fait remarquer que, lors d'achats à l'étranger, des fournisseurs, ignorant les règles administratives de la marine française, croyaient que les retenues effectuées sur le montant des fournitures profitaient aux autorités du bord ».

3° *Les intérêts des capitaux en caisse.* La nouvelle loi a supprimé le système de *la capitalisation ordinaire* appliqué par la loi du 21 avril 1898 pour lui substituer le système de *capitalisation avec fonds de réserve* employé depuis longtemps en Belgique. Tous les fonds de la Caisse devant être placés en rentes sur l'Etat, en valeurs du Trésor et en obligations garanties par l'Etat, on prévoit, dans la première année d'application, un revenu de 300,000 fr. pour un capital de dix millions dont se compose actuellement l'actif de la Caisse.

Enfin, comme dans la loi du 21 avril 1898 le nouveau texte prévoit qu'en cas d'insuffisance des ressources de la Caisse, il sera fait par l'Etat des avances, non productives d'intérêts, remboursables au moyen de ressources ultérieures annuellement versées.

Art. 3. — LE NOUVEL ARTICLE 3 a apporté des réductions sensibles sur la contribution des participants à la Caisse de Prévoyance.

La plupart des Syndicats de marins avait réclamé la suppression de toute cotisation, se fondant sur la loi des accidents du travail applicable aux industries terrestres qui n'impose aucune contribution aux assujettis. Le Parlement n'a pas fait droit à cette demande et pour appuyer son refus, le rapporteur de la loi à la Chambre des Députés donne les trois raisons suivantes :

La première est que l'équilibre financier de la Caisse, privée de l'appoint des participants, pourrait être compromis dans un avenir prochain. En effet, par suite de dispositions législatives et ministérielles, la cotisation des marins qui avait été fixée à 1,50 0/0 des salaires lors de l'application de la loi du 21 avril 1898, a été réduite d'un tiers en 1903 plus d'un autre tiers à la suite d'un décret rendu en exécution de la loi de 1902 sur la marine marchande, de sorte que le produit de la cotisation des participants qui était en 1902 de fr. 970.747.70 a été ramené à 417.570.88, soit une réduction de plus de 50 0/0.

La seconde raison est d'ordre à la fois théorique et sentimental.

D'ordre théorique parce que, d'une part, la Caisse de Prévoyance étend ses effets aussi bien aux maladies qu'aux accidents, et, d'autre part, que l'armateur étant presque toujours retenu loin du navire, sa prévoyance ne peut que dans une faible mesure empêcher des accidents qui sont inhérents aux risques de la navigation et est complètement impuissant contre les forces aveugles et déchaînées de la nature qui enlèvent un homme sur le pont ou engloutissent un navire avec tout son équipage, contrairement au patron de l'industrie qui peut, par sa présence, par sa sollicitude et par le perfectionnement des moyens de protection du travail réduire les accidents à leur minimum.

D'ordre sentimental parce que c'est une consolation pour le participant de pouvoir se dire qu'il tient sa pension non pas de la charité de son patron ou de l'assistance unique de l'Etat, mais bien à la fois de sa sagesse prévoyante et des sacrifices réalisés par un effort de la solidarité qui, dans une industrie, doit unir les patrons aux ouvriers.

La troisième raison, enfin, est que l'exonération de tous les participants et l'aggravation exagérée des taxes des armateurs appelés à fournir, en sus de leurs obligations déjà étendues, l'équivalent annuel des cotisations des inscrits, aurait d'abord pour grave conséquence de priver du bénéfice de la loi les marins qui pratiquent la pêche au large, le pilotage, le bornage et la petite pêche. Ce dernier argument a son importance, car sur les 83,154 inscrits pratiquant les modes de pêche ci-dessus énumérés, on compte 23,773 patrons ou assimilés. Ces patrons, sauf peut-être ceux faisant la pêche au large, n'ont guère une situation sensiblement supérieure à celle de leurs hommes d'équipage et comme l'art. 81 de la loi de finances du 30 mars 1902 les avait exonérés de la taxe de 3 et 4 francs par an pour chacun de leurs hommes pour ne les astreindre qu'à leur cotisation individuelle d'inscrits, il fallait bien leur accorder le profit de la Caisse de Prévoyance, puisque travaillant et peinant avec leurs hommes, ils doivent recevoir les mêmes avantages qu'eux. Il est juste, au surplus, que les marins pratiquant la pêche au large contribuent à assurer les ressources de la Caisse puisque les statistiques démontrent que cette catégorie de marins donne les deux tiers des victimes des naufrages et des disparitions en mer.

Mais, à notre avis, le principe qui domine pour l'obligation des participants aux ressources de la Caisse de Prévoyance est que celle-ci garantissant la maladie en même temps que les blessures, les intéressés doivent pour ce premier risque payer une contribution parce que ce risque ne saurait incomber entièrement au patron quel qu'il soit. Ce principe est d'ailleurs admis par toutes les puissances étrangères dans lesquelles l'assurance maladie est instituée et même en France dans le projet sur les maladies professionnelles déposé par le Gouvernement, le 16 mai 1905, à la Chambre des députés.

L'article 3 de la nouvelle loi stipule les cotisations à payer par les participants. Elles sont de deux sortes : 1º proportionnelles aux salaires portés sur le rôle d'équipage pour les inscrits ou non-inscrits naviguant au long cours, au cabotage international ou aux grandes pêches ; 2º déterminées fixement par mois pour les inscrits et non-inscrits pratiquant le cabotage français, la pêche au large, le pilotage, le bornage ou la petite pêche.

Dans le premier cas, la cotisation varie suivant que le participant fait ou non partie du personnel officier ou assimilé et il y a lieu de remarquer que, pour les capitaines commandant les navires de commerce, leur cotisation de 1 0/0 se calcule en outre sur tous leurs profits accessoires, tels que, notamment, chapeau, remise sur les primes. Il en est de même pour les chefs mécaniciens dont la cotisation porte également non seulement sur le salaire inscrit sur le rôle d'équipage, mais aussi sur les remises qui leur sont attribuées pour économies de charbon. Et pour éviter toute dissimulation ou fausse déclaration sur l'évaluation de ces avantages particuliers de la part des capitaines et des chefs mécaniciens, la loi a prévu une sanction portant au triple la cotisation sur le montant des omissions constatées.

Cette disposition de l'art. 3 n'a trait qu'aux capitaines commandant les navires de commerce, mais s'applique à tous les chefs mécaniciens attachés ou non à des navires de commerce, par conséquent à des navires de plaisance.

Quel sera le cas d'un capitaine commandant un navire de plaisance auquel le propriétaire allouerait des gratifications suivant une traversée effectuée dans des conditions favorables de durée ou pour d'autres motifs ? Il ne devra pas les déclarer au fonctionnaire de la marine chargé de percevoir les cotisations.

En outre, il faut observer que seuls de tous les intéressés, participants et armateurs, les capitaines des navires de commerce et les mécaniciens sont astreints au paiement de la cotisation basée sur les profits accessoires de leurs fonctions ; les armateurs, d'après les termes de l'art. 4, ne doivent leur taxe que sur les salaires portés au rôle d'équipage. Il est permis de se demander le mobile qui a fait agir le législateur en imposant cette charge supplémentaire à ces deux seuls assujettis, charge qui, pour eux peut avoir son prix, alors qu'elle n'augmente que dans une mesure très faible, les ressources de la Caisse puisque les armateurs ne la supportent pas.

Il s'agit d'une somme qui atteindra quelques centaines de francs sur un budget total de 4 à 5 millions de recettes et comme lors de sa fixation et sa perception, elle donnera sans doute lieu à discussion, il est à prévoir que les capitaines et mécaniciens agiront de façon à être exonérés de cette cotisation supplémentaire.

Dans le second cas, la cotisation mensuelle varie de 75 à 10 centimes suivant le grade du participant depuis le capitaine, maître, officier ou assimilé jusqu'au mousse ou assimilé et, dans ce cas, il n'est plus question de chapeau, remise de primes ou d'économie de charbon entrant dans le calcul de la cotisation puisque celle-ci est mensuellement uniforme.

Il sera nécessaire de bien marquer les différents grades pour éviter les erreurs dans l'application du taux de la cotisation.

Enfin, pour en terminer avec l'article 3, il faut observer que la loi a fait une distinction particulière entre les différentes navigations. Elle les a classées en deux grandes catégories : 1° long cours, cabotage international et grandes pêches ; 2° cabotage français, la pêche au large, le pilotage, etc. Ces diverses navigations s'expliquent par leur énoncé.

Le long cours est défini par l'art. 377 du Code de commerce ; toutefois, d'après l'art. 15 de la loi sur la marine marchande du 19 avril

1906, l'Islande. y compris ses eaux territoriales, est considérée comme rentrant dans les limites du cabotage international. De sorte que les grandes pêches de Terre-Neuve et d'Islande sont bien classées dans la première catégorie.

Il y a cependant une particularité pour le cabotage. La loi a supprimé les appellations anciennes de grand et de petit cabotage qui s'entendaient pour le petit cabotage des ports français de l'Océan aux ports de Belgique, Hollande, Angleterre, Ecosse et Irlande, des ports français de la Méditerranée à Malaga, Naples, la Sardaigne, les Baléares ; et pour le grand cabotage dans l'Océan, en ajoutant à l'énumération précédente le Danemark, l'Espagne et le Portugal ; dans la Méditerranée, en complétant par l'Algérie les ports de l'Océan et les autres ports de la Méditerranée.

La loi les a remplacées par celles de cabotage international et de cabotage français. Il s'ensuit que le personnel d'un navire de Dunkerque. Calais ou Boulogne faisant le cabotage sur les côtes anglaises et belges, sera passible, comme faisant le cabotage international, 1.re catégorie de la navigation, de la taxe basée sur les salaires du rôle de l'équipage, alors que le personnel d'un navire attaché à l'un desdits ports, mais visitant les ports français de l'Océan et même ceux de la Méditerranée, c'est-à-dire de cabotage français, de la 2e catégorie de navigation, devra payer la cotisation mensuelle prévue au 2e alinéa de l'article 3

Cette distinction est importante pour taxer la cotisation des participants.

Art. 4. — L'ARTICLE 4 fixe la part contributive de l'armateur à 3,50 0/0. des salaires portés sur le rôle d'équipage pour les inscrits ainsi que pour les non-inscrits indiqués à l'article 1er. Cette part était auparavant de 1,50 0/0 ; elle a donc plus que doublé ; mais elle est susceptible d'une réduction tout comme les cotisations des participants en vertu de l'article 14, si l'élévation du fonds de réserve, la situation économique et la prospérité assurée de la Caisse le permettent. Dans le premier projet, la part des armateurs avait été déterminée à 2 0/0, mais avec possibilité d'être élevée à 4 0/0 en cas de succession de déficits annuels ayant entraîné des avances de l'Etat ; la Commission de la Marine de la Chambre, à la demande des armateurs, s'est rangée au principe d'une taxe fixe non passible d'augmentation, mais pour éviter toute erreur, l'a portée à 3,50 0/0 sans tenir compte, comme pour les participants, de la distinction des navigations.

Cette somme est élevée si on rapproche de ce nouveau sacrifice les obligations que l'article 262 du Code de commerce impose à l'armateur et toutes celles qui découlent des règlements et des mœurs pour la nourriture et la sécurité de l'équipage, pour la nourriture, notamment, dont la dépense est plus forte qu'à bord des navires appartenant aux autres nationalités.

Mais, au dire du Rapporteur à la Chambre, M. le Bail, la loi nouvelle apporte à l'armateur de très réels avantages.

Elle l'exonère, suivant l'article 11, de la responsabilité du fait d'autrui, du capitaine et de l'équipage, si redoutable dans ses conséquences, limitant sa responsabilité à ses fautes intentionnelles ou inexcusables et, dans ce cas même, sa responsabilité est couverte à concurrence des sommes payées par la Caisse de Prévoyance, lui faisant ainsi un régime de complète assurance et d'entière sécurité.

En outre, la plupart des armateurs reçoivent des primes par la loi du 19 avril 1906 qui compensent assez largement les charges qu'ils ont à supporter.

Enfin, le taux de 3,50 0/0 serait encore bien plus élevé si les armateurs étaient assimilés aux patrons de l'industrie terrestre et soumis à la loi du 9 avril 1898 sur les accidents du travail puisque la mortalité annuelle des marins atteint en France, d'après M. Leroy-Beaulieu, 4,44 0/0 et en Angleterre 10,62 0/0 dans la navigation à voiles et 5,15 0/0 dans la navigation à vapeur. La soumission à cette loi exposerait les armateurs à des ruines complètes, puisqu'elle les amènerait à supporter les indemnités considérables à la suite de naufrages comme celui de la *Bourgogne* par exemple.

Quoiqu'il en soit, cette cotisation de 3,50 °/₀ est une charge importante que pourront seuls supporter les armateurs et compagnies de navigation qui percevront des primes de compensation et il est à souhaiter qu'elle ne soit pas l'objet d'une augmentation par voie législative, à la suite des déficits que peut subir la caisse de prévoyance par le paiement des indemnités qui, à notre avis, s'accroîtra, comme nous le démontrerons, chaque année au delà des prévisions des auteurs du projet et la réduction des ressources qui ont leur aliment dans des recettes aléatoires et d'une durée relativement courte comme celle provenant des primes sur la marine marchande, prévues par la loi du 19 avril 1906 qui les a instituées pour une année de douze années seulement.

A propos des salaires sur lesquels est basée la taxe de 3 50 °/₀ des armateurs, M. Le Bail, explique dans son rapport qu'ils doivent comprendre les loyers et les accessoires ; mais, nous l'avons dit à propos de l'article 3, nous ne partageons nullement l'avis de M. Le Bail, attendu que les termes de l'art. 14 stipulent formellement et uniquement les salaires *portes sur le rôle de l'équipage* sans aucune addition.

Les accessoires ont fait l'objet d'une mention spéciale à l'art. 3, pour la perception de la cotisation des capitaines et des chefs mécaniciens. Comme ils ne figurent pas à l'article 4, les armateurs peuvent à bon droit prétendre que leur part doit être calculée sur les salaires du rôle sans y ajouter les accessoires. L'absence de toute discussion au Parlement a probablement empêché de mettre cette question au point et nous estimons que l'observation du rapporteur à propos des salaires a figuré à tort à l'occasion de l'article 4 et qu'elle avait toute sa portée pour l'article 3 de la loi.

Au surplus, si on expliquait le désir du rapporteur d'adopter les mêmes bases de perception pour les cotisations des capitaines et des mécaniciens et la part contributive des armateurs, on trouverait une contradiction formelle à ce désir dans la perception de la cotisation fixe mensuelle payée par les capitaines et mécaniciens faisant le cabotage français, la pêche au large et le pilotage pour lesquels les accessoires ne contribuent pas à la fixation de leurs taxes (voir art. 3), et cependant ces capitaines et ces mécaniciens ont aussi leurs petits profits. En outre, comme on le verra plus loin, les armateurs dont les navires sont armés à la part (ainsi le sont souvent les bateaux faisant la pêche au large et le pilotage) paient une taxe égale aux sommes fixes mensuelles supportées par les marins, en vertu de l'art. 6 de la loi du 11 avril 1881, ces sommes varient suivant le grade, de 3 fr. à 0 fr. 30 par mois ; là encore il y a impossibilité d'ajouter les accessoires aux salaires pour le paiement de la contribution des armateurs.

Il y a donc de nombreuses dérogations établies par la loi elle-même au principe que semble indiquer le rapporteur et ces dérogations sont telles, qu'elles tuent le principe.

Il nous semble enfin que si les auteurs du projet avaient eu la ferme intention de comprendre les accessoires avec les salaires pour la perception des cotisations des capitaines et des mécaniciens au long cours et au cabotage international et pour la contribution des armateurs ils l'auraient exprimée dans un article spécial de la loi à l'instar du salaire de base dans la loi du 9 avril 1898 sur les accidents du travail.

Notre interprétation ne pourra malheureusement être soumise à la juridiétion judiciaire, mais seulement à la juridiction administrative puisque la gestion de la Caisse de Prévoyance est confiée au Ministre de la marine ; mais un recours au Conseil d'Etat pourra faire trancher définitivement la question.

Deux exceptions sont faites au mode de perception des apports des armateurs.

L'une prévue au 2e alinéa de l'article 4, lorsque les navires ou bateaux sont armés à la part et dans ce cas, comme nous l'avons dit plus haut, le versement des armateurs consiste en une taxe égale aux sommes fixes mensuelles payables à la Caisse des Invalides en conformité de l'article 6 de la loi du 11 avril 1881.

L'autre, indiquée au 3e alinéa, est une disposition humanitaire en vertu de laquelle les propriétaires montant eux-mêmes leurs bateaux à condition que ceux-ci soient affectés à la pêche au large, à la petite pêche, au pilotage et au bornage, sont exonérés de la part contributive en tant qu'armateurs et paient seulement leur cotisation individuelle prévue à l'art. 3.

Les 3e et 4e alinéas du même article ont étendu cette exonération aux veuves et orphelins jusqu'à toutefois que le plus jeune de ceux-ci ait atteint l'âge de 16 ans.

Art. 5. — L'ARTICLE 5 est le plus important de la nouvelle loi, c'est en vue de ses dispositions qu'on a remanié et abrogé la loi du 21 avril 1898 dont les indemnités avaient été reconnues trop faibles par tous les participants et avaient été l'objet de tant de réclamations.

Avant de parler des nouvelles indemnités allouées par la loi du 29 décembre 1905, nous devons faire ressortir une première innovation importante résultant de la nouvelle rédaction du 1er paragraphe de cet article qui détermine les risques assurés à savoir les blessures ou maladies ayant leur cause directe dans un accident ou un risque de la profession survenu pendant toute la durée *d'un* embarquement sur un navire français ou *s'y rattachant étroitement.*

Ces derniers mots ont pour but d'empêcher les injustices qui naissent d'une application trop littérale et trop judaïque de la loi ; mais comme à notre avis ils ont un sens aussi vague que large appelé à rendre leur interprétation extrêmement délicate et difficile, nous croyons utile de

relater toute la partie de l'exposé des motifs de la loi en vertu de
laquelle ils ont paru justifiés au près des auteurs du projet.

« Le projet de loi vient garantir les marins non seulement contre les
« risques attachés à leur dernier embarquement, mais encore contre
« tous ceux qui sont l'accessoire et souvent la condition indispensable
« de l'exercice de leur carrière nautique, et qui, bien qu'encourus
« même à terre ou en mer après dépôt du rôle d'équipage, se rattachent
« étroitement à leur industrie principale.

« L'ouverture du rôle d'équipage ne doit pas être toujours la condi-
« tion nécessaire des actions.

« Les marins de la navigation de plaisance, qui bénéficient de la loi
« au même titre que les autres inscrits maritimes, naviguent en vertu
« d'un simple permis de navigation.

« Le capitaine qui quitte la partie maritime des fleuves pour conti-
« nuer son voyage dans la partie fluviale doit, en principe, effectuer le
« dépôt de son rôle d'équipage. Et, cependant, l'inscrit maritime
« victime d'un accident doit pouvoir invoquer le bénéfice de la loi à
« raison des accidents dont il est victime en cours d'une navigation en
« partie fluviale, lorsque le navire est un *navire de mer* et que le
« contrat de *louage de services* résulte d'un rôle d'équipage. Malgré
« son caractère mixte, la navigation doit présenter un caractère indivi-
« sible comme l'engagement des matelots eux-mêmes, non seulement
« dans les eaux maritimes des fleuves, mais encore dans les eaux flu-
« viales non soumises à l'inscription maritime. Il est impossible qu'une
« ligne administrative, souvent difficile à préciser, détermine, dans
« cette espèce, le caractère de la navigation.

« Supposons maintenant un accident survenu à un matelot resté en
« qualité de gardien à bord de son long courrier désarmé, ou revenant
« à terre, alors que le rôle est déposé depuis la veille et l'équipage
« congédié. Le navire désarmé ne peut pas avoir de rôle, et, comme les
« obligations ou les avantages de l'inscrit embarqué cessent avec la
« clôture du rôle, le marin blessé en travaillant à bord du navire
« désarmé n'est plus justiciable de la loi du 21 avril 1898.

« L'armateur était obligé de l'assurer. Avec l'article 5 modifié, cette
« catégorie de risques est comprise désormais dans ceux qui sont
« garantis par la Caisse de Prévoyance.

« Cette question intéresse médiocrement la navigation au cabotage
« dont le rôle est ouvert toute l'année, mais combien elle est impor-
« tante pour les marins des dernières catégories (celles prévues au
« tarif annexé à la loi et dans lesquelles se trouvent les pêcheurs cô-
« tiers) qui sont légion et qui travaillent avec des patrons dont la con-
« dition modeste et souvent misérable n'est guère supérieure à la leur
« et ne leur permet pas de s'assurer eux-mêmes, ni d'assurer leurs
« hommes contre des risques assurément pourvus du caractère profes-
« sionnel.

« Tantôt il s'agit d'un marin qui a eu le bras ou le pied écrasé par
« son bateau qu'il veut mettre à la mer, placer en lieu sûr avant ou
« après la campagne de pêche ou qu'il répare et entretient entre deux
« campagnes de pêche.

« Quelquefois il est victime d'un accident quand il rejoint sur un
« autre bateau, son embarcation qui est à distance.

« C'est encore un marin embarqué sur une chaloupe retenue en

« réparation au port, et qui, porté sur le rôle de ce bateau, embarque
« quelques jours, pour gagner sa vie, sur un autre bateau qui disparaît
« corps et bien : (exemple de Mariel du port de Lesconil (Finistère),
« embarqué sur le *Vercingétorix*, en 1902, et naufragé sur le *Rigoletto*).
« Sa veuve n'a pas eu de pension.

« Ou bien c'est un marin porté sur le rôle de plaisance et que le pro-
« priétaire envoie, dans un port éloigné, prendre livraison d'une autre
« embarcation qu'il doit conduire au port d'attache. Avant le départ,
« aucune formalité n'a été remplie par le matelot de bonne foi qui
« comptait sur le propriétaire Un accident arrive, le matelot est blessé
« et aucune pension ne lui est servie.

« Ce n'est pas assez que la réforme entreprise crée deux catégories de
« pensions, les élève dans des proportions considérables. accorde des
« indemnités journalières capables d'assurer la vie quotidienne, il faut
« encore augmenter la sécurité professionnelle du marin et étendre les
« effets bienfaisants de l'assurance à tous les actes des participants qui
« se rattachent intimement à leur profession. »

Voilà donc quelques exemples se rattachant étroitement à l'exercice
de la profession principale de marin, qui en sont l'accessoire obligatoire,
le prolongement inévitable, la condition nécessaire ; mais combien
d'autres n'essaiera-t-on pas de faire rentrer dans ces cas et comme il
faudra prendre garde d'éviter la fraude et la mauvaise foi de se donner
carrière et combien délicate sera la démonstration qu'un acte est frau-
duleux et ne se rattache pas étroitement à l'embarquement. Nous
voyons de gros conflits dans l'application de cette disposition.

Nous relevons cependant dans l'exposé des motifs le cas de la navigation en eaux fluviales d'un navire de mer, qui donne au personnel
français de ce navire le droit absolu de profiter uniquement de la loi
au profit des marins. Cette solution est heureuse et met fin aux inter-
prétations, controversées du reste, des Tribunaux qui avaient assujetti
à la loi du 9 avril 1898 sur les accidents du travail (Cour de Paris,
20 février 1904, *Recueil Villetard de Prunières*, 6e année, page 82) les
accidents survenant dans les eaux fluviales aux marins attachés à un
navire de mer. Les armateurs pourront donc maintenant dans de pareils
cas être exonérés de l'application de la loi du 9 avril 1898. Il en sera
de même pour le personnel qu'ils emploient au gardiennage des bateaux
désarmés, aux petites réparations de leurs navires comme aussi aux
travaux d'armement et de désarmement à condition toutefois que ce
personnel fasse ou doive faire partie de l'équipage de ces navires.

L'article 5, nous l'avons dit, fixe le montant des pensions et indemnités suivant un tarif inséré à la suite de la loi.

Ce tarif présente deux importantes modifications sur celui de la loi
du 21 avril 1898 :

1° Il élève considérablement le tarif des pensions de la loi du
21 avril 1898.

2° Il crée une catégorie nouvelle de pensions : celle relative à l'infirmité permanente partielle que ne comportait pas la loi de 1898.

Nous allons examiner successivement ces deux modifications.

1° L'élévation des pensions est considérable, puisque pour les officiers, capitaines, mécaniciens de 1re ou 2e classe, officiers de tous grades la
pension due en cas d'infirmité permanente et absolue (1er degré) se trouve
quadruplée et même septuplée par rapport à celle qu'accordait la loi du

21 avril 1898. Les pensions attribuables à leurs veuves et ascendants sont en moyenne quadruplées.

Le simple matelot figurant à la dernière catégorie du tarif reçoit 600 fr. pour la pension d'invalidité du 1er degré et 390 fr. pour celle du 2e degré alors qu'auparavant il ne recevait que 204 fr. lorsque son infirmité le mettait dans l'impossibilité absolue définitive de continuer la navigation et même 102 fr. s'il était titulaire d'une pension militaire, civile ou de demi-solde payée par la caisse des Invalides ; la pension de la veuve est portée de 192 francs à 360 francs ; le secours annuel aux ascendants qui n'était que de 96 francs passe à 180 francs, et le supplément annuel aux enfants âgés de moins de 10 ans, qui n'était que de 36 ou 24 francs, arrive à un taux uniforme de 50 francs en même temps qu'il est prolongé au delà de 10 ans jusqu'à l'âge de 16 ans suivant le principe adopté dans l'industrie terrestre par la loi du 9 avril 1898.

On remarquera que les pensions sont fixes et ne sont nullement calculées, comme dans la loi du 9 avril 1898, sur une base proportionnelle aux salaires. Cependant celles d'infirmité du 1er degré paraissent avoir été approximativement fixées à raison des 2/3 du salaire annuel des participants. Dans la 6e et dernière catégorie cette pension est de 600 pour les agents de service ayant une paye mensuelle de 75 francs et au-dessous, soit un salaire annuel de 900 francs.

Il y a lieu de signaler une modification apportée par la loi de finances du 17 avril 1906 au tarif figurant dans la loi du 29 décembre 1905, en ce qui concerne les mécaniciens. Ceux-ci avaient été classés en quatre catégories suivant qu'ils étaient de 1re ou de 2e classe et dirigeaient une machine d'une force supérieure ou inférieure à 4000 chevaux effectifs.

La Fédération des syndicats des officiers mécaniciens brevetés de la marine du commerce a protesté contre cette classification et réclamé, comme elle l'avait tant de fois demandé dans ses revendications au Ministre de marine, de ne créer, dans la nouvelle loi, que deux catégories de mécaniciens correspondant à leurs brevets de 1re ou de 2e classe ainsi qu'on l'a fait aux capitaines au long cours. Elle a donc demandé au Ministre de la marine de supprimer les mécaniciens de la 1re catégorie et de la 4e catégorie du tarif pour les répartir comme suit : les mécaniciens de 1re classe dans la deuxième catégorie, et ceux de la 2e catégorie dans la troisième catégorie, sans tenir compte de la force des machines qu'ils auront conduites.

Cette protestation a été favorablement accueillie et a fait l'objet de l'article 47 de la loi de finances du 17 avril 1906.

2o La loi du 29 décembre 1905 a créé une nouvelle catégorie de pensions correspondant à l'infirmité permanente partielle.

La loi du 21 avril 1898 ne faisait pas de distinction entre l'incapacité de travail absolue et permanente et l'incapacité de travail partielle et permanente, elle n'accordait de pension d'infirmité que dans le seul cas d'impossibilité absolue et définitive de continuer la navigation quelles que soient les blessures ou les infirmités qui amèneraient cette impossibilité. Il y avait là une lacune et les auteurs de la proposition ont voulu placer les marins sur le pied d'égalité des terriens en leur accordant comme à ceux-ci une rente en cas d'infirmité permanente partielle de travail ; seulement ils n'ont pas adopté, comme dans la loi du 9 avril 1898, pour base de fixation de cette rente le degré de cette infirmité, ils l'ont établie d'une façon uniforme, immuable, quel que soit même le degré de l'infirmité permanente partielle, infirmité qui n'est même pas autrement définie dans la loi, à une quotité invariable qui est mathématiquement égale aux 13/20 de la pension due pour l'infirmité permanente absolue; cette proposition de 13/20 devient un forfait pour toute infirmité partielle même minime fut-elle de 1 ou 2 %.

Cette disposition nous semble illogique et de plus appelée à coûter à la caisse de prévoyance des sommes beaucoup plus considérables que celle prévues par les auteurs de la nouvelle loi. Ceux-ci ne se sont certainement pas inspirés de l'expérience de l'application de la loi du 9 avril 1898 sur les accidents du travail. La statistique du nombre des accidents graves (mort ou incapacité permanente absolue et incapacité permanente partielle) publiée chaque trimestre au *Journal officiel* par les soins de la Direction de l'Assurance et de la Prévoyance sociale au Ministère du Commerce démontre que dans l'industrie terrestre si le nombre des cas d'infirmité permanente absolue demeure presque constant, celui des cas d'infirmité permanente partielle s'accroît chaque année dans des conditions vraiment effrayantes ainsi que le prouve le résumé ci-dessous :

| | Nombre des cas d'incapacité permanente | |
Année	Absolue	Partielle
1899 (2e sem.)...............	13	352
1900.......................	139	4.842
1901.......................	227	8.671
1902.......................	198	10.430
1903.......................	179	12.150
1904.......................	197	13.546
1905.......................	171	17.493

Dans les prévisions de leur budget de dépenses, les auteurs de la loi du 29 décembre 1905 secondés par la Direction de la marine marchande au Ministère de la marine ont-ils tenu compte de cette augmentation régulière des cas d'infirmité partielle amenant avec eux une augmentation proportionnelle de dépenses. Nous ne le pensons pas car s'ils avaient pris soin de se reporter à ces statistiques ils se seraient convaincus que cette augmentation est en somme rationnelle et fatale, qu'elle se retrouve chez tous les pays européens dans lesquels la législation sur les accidents du travail existe depuis longtemps et qu'elle ne cessera pas parceque les ouvriers connaîtront de plus en plus le profit qu'ils peuvent tirer de cette législation faite du reste en leur faveur et que, puisque la loi institue le principe d'une rente ou une pension, chaque fois qu'il y a infirmité partielle même minime, les tribunaux sont obligés de l'accorder quand cette infirmité est démontrée et alors même qu'elle n'empêche pas la victime de continuer à exercer la même profession et à percevoir le même salaire. La jurisprudence a formellement consacré ce principe en matière d'accidents terrestres malgré tous les efforts contraires tentés par les défenseurs des chefs d'entreprise.

En sera-t-il autrement en matière d'accidents maritimes? Il n'est pas permis de le supposer. Les auteurs de la loi sur la caisse de prévoyance ont proclamé qu'ils voulaient accorder aux marins des avantages équivalents à ceux donnés aux ouvriers terrestres par la loi du 9 avril 1898, c'est pour atteindre ce but qu'ils ont modifié la loi du 21 avril 1898 et augmenté les indemnités dans des proportions sensibles. ils n'empêcheront pas que les tribunaux administratifs et y compris le Conseil d'Etat n'interprétent, comme la juridiction judiciaire, les cas d'infirmité partielle et comme M. Le Bail explique dans son rapport, que cette infirmité doit résulter de sa localisation à un organe non essentiel ou indispensable et occasionner une diminution de la capacité professionnelle de l'inscrit il donne exactement les motifs sur lesquels se basent les tribunaux et Cours d'appel pour allouer des rentes à des infirmités qui ne diminuent la capacité professionnelle que de 2 à 4 %. Le principe sera donc le même pour l'interprétation des cas d'infirmité permanente partielle mais alors que pour les accidents terrestres la rente est de moitié de la réduction que l'accident aura fait subir au salaire à partir de 2 % jusqu'à 99 % (car à 100 % l'infirmité devient permanente), pour les accidents maritimes quelle que soit la nature de l'infirmité et les conséquences qu'elle peut avoir sur la capacité professionnelle du marin, la pension sera égale aux 13/20 de celle prévue pour le 1er degré. Nous avons vu que la pension du 1er degré atteint environ les $\frac{2}{3}$ du salaire la pension du 2e degré atteindra donc les $\frac{13}{20}$ de $\frac{2}{3}$ soit $\frac{13}{30}$ ce qui correspond, en matière d'accidents terrestres, à une réduction de capacité professionnelle de $\frac{26}{30}$ presqu'égale, à $\frac{4}{30}$ près, à une infirmité permanente absolue. Ce qui revient à dire que, pour les accidents terrestres, le chef d'entreprise peut, en cas d'infirmité permanente partielle, payer des rentes variant de 1 à 49 f. 99 % du salaire annuel de la victime, pour les accidents maritimes et pour le même cas d'infirmité la caisse de prévoyance paiera *toujours* une pension *minimum* de $\frac{13}{30}$ du salaire annuel soit 43,333 % c'est-à-dire presque le maximum (à 6,66 % près) que recevra le terrien.

Le marin est donc visiblement favorisé et nous ne nous en plaindrions pas autrement si nous pouvions être assurés que cette faveur fût maintenue.

Nous n'osons pas l'espérer en raison des charges qu'aura à supporter la caisse de prévoyance du fait de cette largesse consentie au profit des victimes d'incapacité permanente partielle, charges dont l'évaluation ne nous parait avoir été suffisamment étudiée.

Dans l'établissement d'un projet de budget annuel de la caisse placée sous le régime de la nouvelle loi, figurant à l'annexe VI du rapport de M. Le Bail, nous voyons que les pensions d'infirmité absolue et permanente figurent pour une somme de 14,688 fr. et celles pour infirmité partielle et permanente pour une somme de 20,682 fr. Il y a entre ces deux sommes une différence beaucoup trop faible pour faire face à la réalité. Il est permis d'admettre que les cas d'infirmité permanente absolue et partielle sont aussi fréquents dans la marine que dans l'industrie terrestre. Les accidents de machines, ceux provenant des manœuvres compliquées et souvent dangereuses qu'exigent la conduite et la marche des navires à voiles, peuvent être comparés à ceux des professions relativement dangereuses de l'industrie terrestre. Par conséquent il n'est pas exagéré de prétendre que le nombre des accidents survenant aux marins occasionnant une incapacité permanente totale et ceux entrainant une incapacité permanente partielle sera proportionnellement égal aux accidents atteignant les services terrestres et, par suite, de soutenir que, ainsi que nous l'indiquons dans le relevé de la statistique des accidents graves de l'industrie terrestre, les cas d'infirmité permanente partielle soient cent fois (100) plus nombreux que les cas d'infirmité permanente totale.

Si donc nous prenons le montant des pensions d'infirmité absolue et permanente prévues dans le projet de budget auquel nous faisons allusion plus haut, soit 14,688 francs ; étant entendu que 1º les pensions d'infirmité permanente partielle sont uniformément égales aux $\frac{13}{20}$ de celles d'infirmité totale permanente et, 2º cent fois supérieures en nombre à ces dernières, il faudra pour évaluer le montant des pensions d'incapacité permanente partielle opérer comme suit :

$$14,688 \times \frac{13}{20} \times 100,\text{ soit } 954,720 \text{ francs}$$ alors que le fameux projet prévoit la faible somme de *20,682 francs.*

Nous n'avons pas la prétention d'avancer que dès la première année d'application et même les quatre ou cinq premières années d'application on arrivera à ce chiffre de pensions mais nous sommes convaincus que dans un délai de 6 à 7 ans nous verrons dans les accidents maritimes la même progression d'infirmité partielle que dans les accidents terrestres et comme les auteurs de la loi du 29 décembre 1905 semblent avoir négligé cette progression, nous sommes obligés d'en revenir à notre appréciation première, à savoir que les charges de la caisse seront plus élevées qu'on ne l'a cru et qu'il y aura lieu de remanier la loi soit en modifiant les pensions d'infirmité partielle, soit en augmentant les recettes.

Reprenons maintenant l'examen des autres dispositions de l'article 5 de la loi nouvelle.

Le 4e paragraphe de cet article prévoit l'allocation d'une indemnité journalière, si l'incapacité de travail n'est que temporaire, et pendant toute sa durée, cette indemnité est calculée d'après le taux prévu au tarif annexé à la loi pour la pension d'infirmité du premier degré, c'est-à-dire qu'on divise le montant de cette pension par 365 c'est ainsi que cette indemnité pour un marin de la dernière catégorie mentionnée au tarif devient de fr. : 1,65 alors qu'auparavant elle n'était que de 0,56. C'est encore une charge sensible puisque le projet de budget prévoit qu'elle s'élèvera annuellement à 110,419,05 ; souhaitons que cette évaluation soit exacte. Il faut enfin envisager que cette indemnité, comme nous le verrons plus loin (article 12 de la loi), ne prend effet qu'à l'expiration du quatrième mois à partir du jour où le blessé a été laissé à terre.

Le 5e paragraphe présente un nouvel avantage, il stipule en faveur des marins une disposition analogue à celle prévue par l'article 18 de la loi du 9 avril 1898, modifié par la loi du 22 mars 1902, en portant toutefois à deux ans (au lieu d'un an prévu audit article 18), le délai pendant lequel le marin atteint d'une blessure ou maladie ayant sa

3

cause dans un accident ou un risque professionnel pourrait faire valoir ses droits éventuels à une indemnité ou à une pension. Ce délai courrait à compter du débarquement qui aurait suivi ladite blessure ou maladie, sans qu'il pût se voir opposer ses embarquements postérieurs.

Toutefois, en vue d'éviter des fraudes possibles, il a été spécifié que pour conserver ses droits, le marin blessé ou malade voulant reprendre la navigation devrait, avant chaque embarquement nouveau, faire constater son état par un médecin désigné par l'autorité maritime. Ce praticien, en rapprochant les constatations du certificat d'origine des résultats de son propre examen, reconnaîtrait l'état actuel du marin au regard de sa précédente maladie ou blessure, et ce jalon permettrait de rattacher, avec un suffisant caractère de certitude, à l'origine invoquée, la rechute qui surviendrait dans les deux ans.

Malgré ces considérations, nous croyons que cette disposition sera dans la pratique d'une application bien délicate si nous nous en référons aux difficultés éprouvées, en matière d'accidents terrestres, à faire prévaloir l'influence de l'état de santé de la victime antérieurement à l'accident. Nous craignons que la caisse de prévoyance aura, par cette disposition, à supporter bien des cas d'infirmité dont le coût n'a pas été prévu.

Le 6e paragraphe a été inspiré de l'article 19 de la loi du 9 avril 1898, mais en matière de revision il ne prévoit que l'aggravation survenant dans un délai de deux ans (au lieu de trois), de l'incapacité permanente partielle devenant une incapacité permanente totale. Il est complètement muet sur l'atténuation de l'infirmité partielle qui reste toujours acquise même si elle disparaît et sur l'atténuation d'une infirmité permanente totale qui peut devenir partielle. Nous ne nous expliquons pas les raisons de ce mutisme qui augmente les dépenses puisqu'il crée des pensionnés à vie même si les causes qui ont motivé leurs pensions ont cessé moins de deux ans après leur apparition.

Il en est de même de l'aggravation causant la mort de la victime. Pour ce cas, la rédaction de l'article 6 implique obligatoirement les droits de la veuve à la pension prévue, quelle que soit l'époque à laquelle se produise le décès.

Le 7e et dernier paragraphe de l'article 5 est la reproduction du 1er alinéa de l'article 20 de la loi du 9 avril 1898, mais avec l'addition que la charge de la preuve de la provocation de l'accident ou de la maladie incombe à la partie qui allègue la fraude. Dans l'espèce, ce sera le plus souvent à la Caisse de prévoyance à faire la preuve du dol ou de la fraude, et elle s'y emploiera avec l'aide de l'armateur si celui-ci consent à lui prêter son concours, ce qui est à présumer; mais l'armateur aura à intervenir directement quand il sera lui-même recherché pour une faute intentionnelle ou inexcusable, suivant la teneur de l'article 11 (2e alinéa).

Art. 6. — L'ARTICLE 6 règle le sort de la veuve qui a droit à la pension fixée au tarif joint à la loi, suivant le grade de son mari; mais cette pension est, comme nous venons de le dire à l'occasion de l'article 5, toujours acquise, cela résulte formellement des termes du 3e paragraphe, même si le décès du mari se produit plusieurs années après le droit à la pension d'infirmité. Il n'y a donc pas pour les marins la prescription de trois années prévue par l'article 19 de la loi du 9 avril 1898 applicable aux ouvriers terriens pour forclore les droits de la veuve.

En outre, si la veuve titulaire d'une pension se remarie, elle conserve sa pension pendant toute sa vie, à l'encontre des dispositions de ladite loi du 9 avril 1898; elle a même le choix, si elle redevient veuve, de prendre la pension due à la suite du décès de son second mari si celle-ci est plus élevée que la première.

Ce sont encore des avantages très réels au profit des marins et encore plus sensibles, puisque ces pensions peuvent être accordées à la suite de maladies contractées au service de la navigation; mais ils se traduiront par des dépenses dont nous n'avons pas trouvé l'évaluation dans le projet de budget auquel nous avons déjà eu l'occasion de nous reporter.

Toutes ces pensions ne sont dues que si le mariage est antérieur à l'origine des blessures ou maladies; mais, par contre, elles ne sont jamais acquises à la femme divorcée ou contre laquelle la séparation de corps a été prononcée.

Cette dernière disposition appelle quelques réflexions.

Il est regrettable que, dans une loi créant une caisse d'assurance gérée par l'Etat, alimentée par lui dans une certaine mesure, et dans laquelle les grands principes d'humanité sont si souvent rappelés, on n'ait pas tenu compte de la situation de la femme divorcée au profit de laquelle le divorce a été prononcé. Pour des raisons diverses qu'il nous semble superflu de développer, la femme a dû, dans l'intérêt de ses enfants et quelquefois même du sien, demander le divorce qui lui a été accordé à son profit avec octroi — et le cas est fréquent — d'une pension alimentaire par son mari indigne. Ce dernier continuant à naviguer, occupant, on peut le supposer, un grade élevé dans la marine marchande, vient à être victime d'un accident ou d'une maladie amenant la mort. Par cet événement, la malheureuse veuve, à cause de son divorce, se voit privée à la fois de sa pension alimentaire qui l'aidait à élever ses enfants dans des conditions normales et même favorables d'instruction et de bien-être, et de la pension de la caisse de prévoyance. Elle est deux fois victime de son mariage, et c'est pour elle peut-être la ruine complète. Parce qu'elle a légalement régularisé son cas, régularisation qui s'imposait, cette veuve se trouve moins bien traitée qu'une veuve qui aurait quitté depuis de longues années le domicile conjugal et dont la situation n'aurait pas été, à la demande du mari, résolue soit par la séparation de corps, soit par le divorce. Il y a là une inégalité choquante, inhumaine et même contraire aux bonnes mœurs.

Que nos législateurs s'efforcent à ne pas grossir le nombre déjà trop grand des divorces, nous les approuvons; mais que, par des dispositions mesquines, ils ne créent pas une situation plus défavorable à des citoyens qui se placent sous un régime légalement régulier qu'à ceux qui s'efforcent de se mettre dans une situation illégitime ou illégale.

Cette disposition se trouve du reste dans la loi du 9 avril 1898 sur les accidents du travail, appliquée à l'industrie terrestre, et est tout aussi inexplicable.

Nous croyons donc que les auteurs de la loi du 29 décembre 1905 auraient été bien inspirés en ajoutant au dernier alinéa de l'article 6 que la pension serait toutefois acquise à la femme divorcée si le divorce avait été prononcé à son profit.

D'ailleurs, nous demanderions qu'on plaçât la femme divorcée dans le même cas que la femme séparée de corps, puisque, pour cette dernière, la pension n'est pas acquise si la séparation de corps a été prononcée *contre elle*. Ce rapprochement fait ressortir davantage l'inégalité de traitement avec la femme divorcée.

Dans l'état de la séparation de corps prononcée contre le mari, la veuve du marin est mieux traitée que la veuve de l'ouvrier terrestre; celle-ci est considérée comme une divorcée aux termes du paragraphe A de l'article 3 de la loi du 9 avril 1898 (.... pour le conjoint survivant non divorcé ou séparé de corps) qui ne font aucune allusion aux torts duquel des deux époux la séparation a été prononcée.

Art. 7. — La loi du 29 décembre 1905 n'a pas prévu, pour les orphelins, comme celle du 9 avril 1898 sur les accidents du travail, de rentes spéciales indépendantes de celle due à l'époux survivant et proportionnelles au nombre des orphelins; elle n'a envisagé, suivant l'article 8 ci-après, en cas d'existence de la mère, qu'un supplément annuel fixe pour chaque enfant âgé de moins de 16 ans. Mais en cas de décès du père et de la mère, les orphelins des participants reçoivent un secours annuel unique dont le montant est égal à celui de la pension attribuée à la veuve et ce quel que soit le nombre des orphelins, et jusqu'à ce que le plus jeune ait accompli l'âge de 16 ans. En un mot, la pension à laquelle avait ou aurait droit la veuve est versée par la caisse pour tous les orphelins par parts égales entre eux, et au fur et à mesure qu'ils atteignent l'âge de 16 ans, leur part est versée sur les plus jeunes jusqu'à ce que le dernier ait accompli cet âge, de sorte que cette pension reste fixe jusqu'à son extinction.

En outre, la caisse de prévoyance ne bénéficie pas des pensions non attribuées aux femmes divorcées ou contre lesquelles a été prononcée la séparation de corps, non plus qu'aux veuves déjà titulaires d'une pension par suite du décès de leur premier mari (art. 6, § 2); ces pensions sont réparties aux enfants dans les conditions expliquées plus haut; c'est là une disposition très généreuse.

Les autres alinéas de cet article n'appellent aucune observation particulière.

Art. 8. — Cet article alloue aux participants et aux veuves titulaires de pensions et indemnités accordées en vertu des articles 5 et 6 de la loi pour chacun de leurs enfants âgés de moins de 16 ans, un supplément annuel fixe de 50 francs.

Il s'ensuit que le participant titulaire d'une pension d'infirmité du 2e degré ou même d'une indemnité journalière pour incapacité temporaire (car le mot indemnité est formellement stipulé dans cet article) percevra en outre un secours annuel de 50 francs pour chacun de ses enfants âgés de moins de 16 ans

La veuve ne touchera pas pour ses enfants de secours plus élevé.

Autant nous admettons ce secours quand il s'agit de veuve ou d'un participant recevant une pension au titre d'infirmité permanente absolue, autant nous le trouvons exagéré et mal fondé pour un participant atteint d'infirmité permanente partielle légère ou d'incapacité temporaire; la pension ou indemnité qu'il reçoit pour son cas a précisément pour objet de combler la diminution de salaire qu'il subit, et nous avons dit que l'expérience démontre qu'une infirmité partielle permanente n'occasionne pas toujours une réduction de salaire. Il y a peut-être là un abus qui grèvera d'autant les charges de la caisse.

Art. 9. — Cet article règle les secours annuels accordés aux ascendants, qui n'y ont droit que lorsque les participants ne laissent ni veuves ni enfants. Il mentionne toutefois que, pour acquérir ce droit, les ascendants doivent être âgés d'au moins 60 ans et se trouver dans la situation de prétendre à une pension alimentaire, comme aussi que le même ascendant ne peut être titulaire de plus d'un secours, ce qui était bon à prévoir, car le même ascendant peut avoir plusieurs enfants ou petits enfants embarqués sur le même bateau, périssant dans le même naufrage. Ce cas est fréquent, principalement dans la petite pêche.

On remarquera que le secours annuel fixé au tarif pour cette catégorie d'ayants droit est exactement égal à la moitié de la pension de veuve, et qu'en cas de prédécès de l'un d'eux ou de décès des deux ascendants du premier degré, le secours est reporté au profit des ascendants de degrés supérieurs de la même branche s'il en existe, c'est à-dire des grands-parents des participants ou de leurs veuves. Ce cas se présentera assez rarement.

Art. 10. — L'ARTICLE 10 de la loi du 21 avril 1898 prévoyait une réduction de moitié des pensions et allocations qu'elle allouait lorsque les ayants droit jouissaient déjà soit d'une pension militaire ou civile, soit d'une demi-solde.

Bien qu'en principe notre législation interdise le cumul des pensions, cet article de la nouvelle loi l'autorise sous le prétexte plausible que les pensions dites de demi-solde payées par la caisse des invalides et celles accordées par la caisse de prévoyance procèdent de principes différents et sont justifiées par le droit résultant de versements distincts faits à des caisses séparées ayant leur existence propre. Il en est de même des pensions civiles ou militaires accordées sur les fonds de l'Etat.

Il y a cependant une restriction à ce cumul apportée par le 2⁰ paragraphe : le Ministre de la Marine, sur avis du Conseil d'administration spécial de la Caisse de prévoyance, se réserve de réduire les pensions d'infirmité en cas d'abus ou de fraudes reconnus. Il sera bien difficile de définir et de constater ces abus et ces fraudes ; du moment où la loi permet le cumul de deux catégories de pensions dont chacune d'elles est attribuée, pour des motifs différents et préalablement reconnus et constatés, nous ne voyons pas qu'il puisse y avoir abus ou fraude, et la faculté laissée au Ministre de la Marine nous paraît, en l'espèce, une porte ouverte à l'arbitraire.

Cet article prévoit une deuxième disposition nouvelle ; l'article 13 de la loi du 21 avril 1898, disposait que la demi-solde d'infirmités était rayée si, à quelque époque que ce soit, le titulaire embarquait, à titre professionnel, sur un navire ou bateau de commerce ou de pêche, ou sur un bâtiment de plaisance pourvu d'un rôle d'équipage. La suppression de cette demi-solde s'expliquait dans la loi du 21 avril 1898, puisqu'elle n'accordait de pensions en cas d'infirmité que lorsque l'accident ou la maladie mettait la victime dans l'impossibilité absolue et définitive de continuer la navigation. Cette disposition n'a plus sa raison d'être avec la nouvelle loi, qui prévoit des pensions en cas d'infirmités partielles, permettant aux marins de continuer la navigation ; aussi, l'article 13 de la loi du 21 avril 1898 est-il supprimé et le nouvel article 10 prévoit que le titulaire d'une pension d'infirmité du second degré qui, ayant continué à naviguer professionnellement, n'aura pu parvenir à réunir, à l'âge de 55 ans accomplis, le temps de 300 mois de navigation exigé par la loi du 11 avril 1881, pour avoir droit à une pension sur la Caisse des Invalides, aura droit à la transformation de sa pension d'infirmité du deuxième degré en une pension d'infirmité du premier degré.

On ne peut nier que cette disposition nouvelle soit inspirée par une pensée de bienveillance et d'humanité en faveur des marins, mais il faut reconnaître qu'elle peut être onéreuse pour la Caisse de Prévoyance parce que les cas d'infirmité du second degré seront nombreux, comme nous l'avons démontré, et leur transformation, au point de vue de la rente, en infirmité du premier degré, pourra être plus fréquente dans la pratique que n'ont pu supposer les auteurs de la proposition, et nous nous demandons si, dans les prévisions de dispenses, on a envisagé les cas pouvant donner lieu à cette transformation.

Art. 11. — Cet article a pour but de régler le sort de l'armateur et de ses responsabilités. Avant la loi du 29 décembre 1905, l'armateur pouvait être responsable, soit en vertu des articles 1382 et 1383 du Code civil, à l'occasion de ses fautes personnelles, soit en vertu de l'article 1384 du même code, à raison du fait des personnes dont on doit répondre, ou de l'article 216 du Code de commerce, aux termes duquel tout propriétaire de navire est responsable des faits du capitaine, et tenu des engagements contractés par ce dernier, pour ce qui est relatif au navire et à l'expédition.

Cette double responsabilité était maintenue dans la loi du 21 avril 1898 et pouvait être exercée par les inscrits, leurs ayants-cause ou la Caisse nationale de Prévoyance subrogée à leurs droits, suivant les principes et règles du droit commun, contre les personnes ayant commis des faits intentionnels ou des fautes lourdes ayant déterminé les accidents ou risques dont les participants auraient été victimes.

Cette disposition avait provoqué les protestations de l'unanimité des représentants de l'armement qui se plaignaient, à juste titre, d'être contraints de contribuer à la formation d'un fonds destiné à servir des pensions aux victimes de la navigation et de rester sous le coup des revendications de la part de ces victimes ; qu'ainsi leur situation était plus grave que celle des industriels terrestres qui, aux termes de l'article 7 de la loi du 9 avril 1898, sont exonérés de toute responsabilité de droit commun et qui, assurés à une Compagnie autorisée, étaient libérés de tout recours de la part de leurs ouvriers victimes d'accidents professionnels, même en cas de faute inexcusable. Ils étaient d'autant plus fondés à protester contre cette disposition, qu'ils subissaient toujours les charges onéreuses de l'article 262 du Code de commerce.

Ces protestations, soulevées par la Commission de l'Association française de droit maritime et par le Comité central des Armateurs de France, furent écoutées, et la Commission, chargée d'étudier la proposition qui devint la loi du 29 décembre 1905, tout en maintenant le principe du recours des participants, de leurs ayants-cause ou de la Caisse de Prévoyance subrogée à leurs droits, a reconnu et fait adopter que l'armateur doit échapper à toute action dirigée contre lui, à raison de la responsabilité du fait d'autrui, c'est-à-dire des fautes sans distinction, commises par le capitaine ou les hommes de l'équipage (art. 1384 du Code civil et 216 du Code de commerce) ; il le doit, d'autant plus que, par ses versements obligatoirement effectués dans la Caisse de Prévoyance, on doit le considérer comme s'étant au moins, en fait, assuré contre cette catégorie de risques, et que, lorsque le navire a quitté le port et est en cours de voyage, l'armateur ne peut exercer aucune action ni aucune surveillance sur le capitaine et son équipage, à la différence de l'industriel dont la présence suffit à prévoir et empêcher les accidents auxquels demeurent exposés ses ouvriers.

La Commission a fait admettre aussi que l'armateur doit être affranchi de la responsabilité de ses fautes directes et personnelles, mais elle a maintenu qu'il restait responsable en cas de *faute intentionnelle ou inexcusable* de sa part.

Le Comité central des armateurs de France avait demandé que l'armateur ne réponde que de ses fautes intentionnelles constatées par une décision pénale ; mais la Commission n'a pas cru possible d'aller aussi loin sous le prétexte qu'il serait dangereux de l'affranchir du soin des précautions élémentaires qui, prises avant le départ du navire, sont la sauvegarde de la vie et de la santé des hommes de l'équipage. Raison spécieuse, car l'armateur prend toutes ces précautions tant dans l'intérêt de son équipage que de son navire et de la cargaison, et il est en plus couvert par le permis de navigation donné par les autorités maritimes avant le départ du navire, de sorte que nous ne pensons pas que le caractère inexcusable ou intentionnel soit bien facile à prouver, et puisse, en conséquence, être souvent invoqué tout comme la faute inexcusable prévue par l'article 20 de la loi du 9 avril 1898 applicable aux accidents terrestres.

L'armateur ou le propriétaire du navire étant exonéré de sa responsabilité du fait d'autrui, la loi a maintenu le principe de la responsabilité de droit commun à l'égard du participant à la Caisse, capitaine ou homme d'équipage, pour tout accident causé par lui à un autre participant, mais elle a accordé, à ce responsable particulier, les mêmes privilèges qu'à l'armateur, c'est-à-dire qu'il ne répond que de ses fautes personnelles intentionnelles ou inexcusables, ainsi que le stipule le dernier paragraphe de l'article. Le participant ne sera donc responsable tout comme l'armateur, que si l'on prouve qu'il a provoqué intentionnellement et inexcusablement l'accident ou la maladie.

Nous pensons que cette responsabilité sera rarement invoquée, car elle peut être onéreuse pour un capitaine ou un simple marin, et qu'au surplus l'armateur pourra, au moyen d'une assurance dont il supportera le coût, faire garantir son équipage du chef de cette responsabilité qui est d'autant plus inquiétante qu'elle peut être invoquée par la Caisse de Prévoyance elle-même.

Toutefois, il est à remarquer que lorsqu'il y aura eu condamnation, soit contre l'armateur, soit contre un participant, capitaine ou homme d'équipage, du chef de revendications pour faute personnelle, intentionnelle ou inexcusable, il sera déduit des indemnités accordées par les tribunaux, les indemnités et pensions dues par la Caisse de Prévoyance qui, en tout état de cause, restent à sa charge, contrairement aux stipulations de l'article 11 de la loi du 21 avril 1898.

La responsabilité établie par la loi, à l'égard de l'armateur ou d'un participant, est donc, en somme, restreinte dans son principe, puisqu'elle n'existe que pour les fautes énumérées plus haut, et dans son application, puisqu'elle ne devient réellement onéreuse qu'au-delà des indemnités et pensions dues par la Caisse de Prévoyance.

Mais si la personne responsable est un *tiers* autre que l'armateur ou un participant contribuant lui-même à la Caisse, les indemnités à verser par cette personne viendront en déduction des sommes à payer par la Caisse de Prévoyance, ainsi le stipule l'avant dernier alinéa de l'article 11.

Nous ferons, enfin, observer que la loi du 29 décembre 1905, n'a *pas* abrogé les dispositions de l'article 216 du Code de commerce, d'après lequel la responsabilité de l'armateur est limitée à la valeur du navire et du fret.

Art. 12. — Cet article fixe le point de départ des pensions et autres indemnités allouées en vertu de la loi.

Il stipule tout d'abord que toutes les pensions ainsi que toutes autres allocations accordées par la loi sont incessibles et insaisissables. Par conséquent, même les indemnités journalières ne peuvent être saisies en partie par les créanciers des victimes et c'est un point encore controversé en matière d'accidents du travail pour les ouvriers terrestres.

Dans la loi du 21 avril 1898, les pensions prenaient cours du jour où les inscrits avaient cessé de recevoir les salaires conformément à l'article 262 du Code de commerce.

La loi du 29 décembre 1905 fait une distinction.

Les pensions comme toutes les autres allocations, indemnités journalières comprises, prennent cours : pour les participants embarqués sur des bateaux dont les patrons ou leurs veuves sont propriétaires, *du jour de leur mise à terre* ; pour les autres participants, du jour *où ils ont cessé de recevoir leurs salaires conformément à l'article 262 du Code de commerce.*

Comme le dit très justement M. Paul de Valroger, avocat au Conseil d'Etat et à la Cour de Cassation, dans son rapport à l'Association française du Droit maritime de la Commission spéciale chargée d'étudier la proposition de loi de M. Le Bail, on ne comprend pas bien cette distinction. Les articles 262 et 263 du Code de commerce, en vertu desquels le matelot est tombé malade ou décédé pendant le voyage, a droit à sa part comme s'il était resté à bord, jusqu'à la fin de l'engagement, c'est-à-dire jusqu'au désarmement du rôle d'équipage, plus aux frais du traitement et au rapatriement, s'appliquent aux engagements de pêche, sans qu'une distinction ait été faite par la loi entre la grande et la petite pêche. Les équipages des bateaux de grande et de petite pêche doivent légalement profiter de l'article 262, le Ministre de la Marine l'a rappelé dans une circulaire notifiée aux quartiers maritimes le 9 mai 1906, d'après laquelle l'armateur qui ne commande pas lui-même son bateau à la mer, doit pendant tout le temps jusqu'à la limite de quatre mois, en cas de maladie ou blessure contractée à bord par les hommes de l'équipage, la part de pêche et les frais de maladie.

Ce rappel à l'application stricte des articles précités du Code de commerce pour les armements de la petite pêche a ému considérablement les nombreux armateurs de cette catégorie qui avec leurs capitaux ont armé des bateaux montés par les innombrables marins des petits ports qui peuvent ainsi travailler pour subvenir aux besoins de leur famille et, dans une réunion tenue aux Sables-d Olonne, ils ont protesté vigoureusement et décidé l'envoi d'une pétition au Ministre pour le prier de rapporter cette décision qui amènera leur ruine, car ils ne pourront supporter cette double charge de payer la part du marin blessé ou malade comme s'il naviguait et de supporter tous les frais de traitement. S'ils n'obtiennent pas satisfaction, ils se verront obligés de désarmer leurs bateaux, mettant à terre de braves gens qui ne pourront plus travailler et, par suite, tomberont dans la misère. Il faut en effet rappeler, pour expliquer cette émotion, que dans la pratique et depuis longtemps on avait reconnu, avec l'assentiment des commissaires d'inscription maritime, que la stricte application des articles 262 à 265 du Code de commerce aux engagements de la petite pêche, amoindrirait le gain à peine suffisant pour la subsistance de la famille du propriétaire et de l'équipage et on avait créé, même avec le patronage financier du Ministère, des sociétés de secours mutuels entre patrons du littoral qui prenaient à leur charge les obligations que l'article 262 impose à l'armement.

On peut se demander, dans ces conditions, comment la loi du 29 décembre 1905 a pu faire une distinction pour l'application de l'article 262 sans le modifier entre deux catégories de participants : pour les uns cet article est inexistant puisqu'ils reçoivent de la Caisse de Prévoyance les pensions et indemnités prévues par la loi, dès leur mise à terre ; pour les autres il est formel, puisque ce n'est qu'après avoir profité de ses dispositions que courent les pensions et indemnités auxquels ils ont droit. En un mot, aux uns la Caisse paie l'indemnité journalière en représentation de leur salaire ou de leur part de pêche ; aux autres le salaire ou la part est payée par l'armateur ou le propriétaire du navire. Pourquoi cette inégalité flagrante qui a pour conséquence incompréhensible d'appliquer ou de ne pas appliquer le Code suivant qu'un participant appartient à l'équipage d'un navire dont le propriétaire est ou non capitaine ou patron. Certes, il est bon de favoriser les petits patrons de pêche montant leurs bateaux, mais pourquoi imposer une charge supplémentaire aux armateurs de petite pêche qui ne peuvent commander leurs bateaux et qui font vivre un grand nombre de marins qui sont dans l'impossibilité de réunir les fonds nécessaires pour acquérir un bateau. Les frais de ces armateurs seront plus élevés, pourront-ils obtenir des mareyeurs un prix plus élevé de leurs pêches pour récupérer ces charges? En outre, les matelots non blessés consentiront-ils à voir leur part diminuer du prorata de celle qui devra être attribuée à leur camarade atteint d'accident ou de maladie, alors qu'il faudra payer la part de celui qui le remplace à bord, car la composition de l'équipage a besoin d'être complète pour naviguer sûrement et avec profit? L'avenir répondra à ces questions et puisque les armateurs de petite pêche ont déjà protesté, attendons-nous à voir les intéressés réclamer contre cette inégalité de traitement qui est une illégalité.

Ces observations présentées pour les participants appartenant à la petite pêche, les autres participants reçoivent, après un accident ou une maladie. d'abord leurs salaires conformément à l'art. 262 et ensuite les indemnités journalières et pensions prévues par la loi.

Pour les pensions de veuves, orphelins et ascendants, elles prennent cours du jour du décès ou, en cas de disparition en mer, du jour des dernières nouvelles.

L'article 12 se termine par une disposition raisonnable d'après laquelle le service des pensions ou allocations est suspendu à tout participant condamné à une peine infamante ou à une peine correctionnelle de plus de six mois d'emprisonnement ; il reprend en cas de réhabilitation ou de grâce ou à l'expiration de la peine.

Cependant la Caisse de Prévoyance ne bénéficie pas entièrement de ces pensions et allocations temporairement supprimées, elle en fait profiter la femme ou les enfants du condamné ; le bénéfice n'existe pour elle qu'à défaut de femme ou d'enfant, les ascendants n'étant pas prévus dans l'article.

Art. 13. — Cet article aborde le mécanisme financier de la Caisse de Prévoyance ; il énumère les différentes ressources qui garantissent les charges auxquelles la Caisse doit faire face.

Art. 14. — Cet article inaugure un nouveau système financier. L'article 14 de la loi du 21 avril 1898 stipulait que le paiement des pensions était garanti au moyen de la constitution annuelle du capital présumé nécessaire pour servir, jusqu'à leur extinction, les allocations qu'elle accordait. C'était le système *de la capitalisation*, qui, à notre avis, donnait le maximum de sécurité.

D'après les dispositions du nouvel article 14, le service des pensions est assuré au moyen des ressources annuelles sans capitalisation, et quand les recettes dépassent les dépenses, l'excédent est mis en réserve pour combler les déficits ultérieurs. Ce n'est pas exactement le système de la *répartition* dans lequel les recettes sont établies en prévision des dépenses, c'est un système mixte de *répartition avec constitution d'un fonds de réserve* qui a été inauguré avec succès, dit-on, en Belgique, depuis le 1er janvier 1886, pour les retraites ouvrières. La base de ce système mixte est de bien évaluer les dépenses et de prévoir des recettes toujours supérieures aux dépenses. de façon à maintenir à un niveau constant l'équilibre financier de la Caisse.

En raison des observations que nous avons eu l'occasion de présenter au cours de ce travail, peut on dire que les dépenses ont été bien évaluées ? Les recettes, assurées par les cinq premières espèces prévues à l'article 2 de la loi, seront-elles supérieures aux dépenses, dont l'élévation sera graduelle en raison du nombre des pensions qui s'augmentera chaque année. Nous en doutons ; nous attendrons avec anxiété les résultats des premiers exercices, afin de voir si nous nous trompons .

Ce même article 14 prévoit, en son 2e paragraphe, que si le fonds de réserve atteint un chiffre important permettant de considérer l'avenir comme assuré, les cotisations des participants et les taxes correspondantes des armateurs pourront être réduites. La forme vague dans aquelle est rédigée ce paragraphe ne permet pas de prévoir à quel moment, s'il se produit jamais, les cotisations et taxes pourront être réduites ; il aurait été préférable de préciser en fixant à une proportion déterminée, un tiers par exemple, le montant du fonds de réserve par rapport aux dépenses d'un exercice, le moment auquel, suivant l'article 16, le Conseil d'administration de la Caisse doit donner son avis aux Ministres de la Marine et des Finances en vue du décret à rendre pour la fixation du taux des réductions. Mais il nous semble inutile d'insister davantage, car la question de réduction des cotisations et taxes ne préoccupera pas de si tôt, à notre avis, le Conseil d'administration de la Caisse.

Art. 15. — Cet article prévoit le cas de déficits de la Caisse de Prévoyance et, en cette occurrence, les avances que l'Etat est autorisé à faire pour les combler; ces avances seront remboursées à l'Etat lorsque les recettes viendront à l'emporter sur les charges, et ce remboursement devra avoir lieu avant de reconstituer le fonds de réserve, puisque l'Etat n'intervient qu'après épuisement de ce fonds. Les avances de l'Etat seront faites sans intérêt, en conformité des dispositions du 7º de l'article 2.

Art. 16. — Il règle, comme nous l'avons dit à l'occasion de l'article 14, les conditions dans lesquelles on pourra opérer les réductions de cotisations prévues à ce même article 14.

Art. 17. — Cet article place la gestion de la Caisse de Prévoyance sous l'autorité du Ministre de la Marine, avec le concours de tous les organes de la Caisse des Invalides de la marine.

Art. 18 — Il règle la formation du Conseil d'administration spécial à la Caisse de Prévoyance qui a à connaître de toutes les questions concernant l'organisation et la réglementation de l'institution et émet simplement des avis sur lesquels le Ministre de la Marine prend, sous sa responsabilité, les décisions qu'il lui convient et qu'il fait connaître sous forme de décrets. Ces décrets peuvent être soumis au Conseil d'Etat par les intéressés.

La constitution du Conseil d'administration prévue à cet article est bien différente de celle qu'avait instituée l'article 19 de la loi du 21 avril 1898, elle a été considérablement renforcée.

Art. 19. — Il établit les conditions de perception des cotisations et taxes prévues aux articles 3 et 4 de la loi et payées par les participants et les armateurs Cette perception s'opère sur les rôles de désarmement des navires et embarcations dressés par l'Administration de la marine, en même temps que la perception de la taxe afférente à la Caisse des Invalides de la Marine. Quand un navire est désarmé après sa rentrée à son port d'attache, en même temps qu'il règle les loyers de l'équipage, l'administrateur de la marine établit le compte de chaque marin et retient les taxes et cotisations des marins destinées à la Caisse de Prévoyance et à la Caisse des Invalides en même temps qu'il établit le compte de la taxe que l'armateur doit payer à la Caisse de Prévoyance. C'est à ce moment qu'il y aura lieu de fixer la valeur représentative en espèces, des chapeaux et remises sur les primes pour les capitaines commandant les navires du commerce, ainsi que des économies de charbon pour les chefs mécaniciens dont nous avons parlé à l'article 3.

Art. 20. — Cet article est le premier jusqu'à l'article 28 qui indique les procédures spéciales qui seront suivies pour demander, justifier ou faire payer les pensions, et ces règles très simples s'inspirent des règlements qui ont été établis pour l'application de la loi du 21 avril 1898 avec lesquels elles offrent quelques légères différences que nous allons du reste faire ressortir.

L'article 20 a porté à six mois (au lieu de deux que prévoyait la loi du 21 avril 1898, le délai accordé, sous peine de déchéance, aux intéressés pour faire valoir leurs droits à l'une des allocations prévues à l'article 5 de la loi. Il prévoit aussi dans son dernier paragraphe le cas de la revision de l'infirmité instituée par ledit article 5 que n'envisageait pas, on le sait, la loi du 21 avril 1898.

Nous ajouterons que le décret d'administration publique dont il est question dans cet article 20, a été rendu le 14 avril 1906 et publié dans *Journal officiel* du 22 avril. Nous en donnons le texte à la suite de la loi du 29 décembre 1905.

Ce décret d'administration publique reproduit en principe les dispositions du règlement similaire qui avait été rendu en exécution de la loi du 21 avril 1898, aujourd'hui abrogée. Quelques modifications ont été cependant apportées pour tenir compte des nécessités découlant de la nouvelle loi.

La plus importante est relative à la compétence attribuée à l'Administrateur de l'inscription maritime du lieu où se trouve le participant malade, pour la concession d'une indemnité journalière. La loi ayant confié à l'autorité locale (art. 21 de la loi) le droit de décision en pareille matière, pour que la solution intervint d'urgence, on ne pouvait conserver l'ancienne règle qui attribuait au seul quartier d'inscription du marin, peut-être fort éloigné, la préparation de l'enquête préliminaire.

L'article 3 du décret précise les indications que doivent contenir les certificats médicaux, la pratique ayant révélé l'insuffisance des mentions consignées dans la plupart des documents de ce genre. En outre, ces certificats seront désormais obligatoirement dressés, lorsqu'il existera un médecin à bord.

Enfin, le décret prescrit, en son article 14, une disposition spéciale dont il sera question à propos de l'article 29 de la loi.

Art. 21. — Après avoir établi, comme sous l'ancienne législation, que les pensions d'infirmité et celles des veuves et secours aux orphelins ou ascendants sont accordées suivant la procédure en vigueur pour la concession de la pension dite demi-solde, c'est-à-dire celle attribuée par la Caisse des Invalides de la Marine, cet article formule la règle à appliquer pour l'obtention de l'indemnité journalière. Cette indemnité est accordée sans délai par décision de l'Administrateur de quartier pour une durée de quatre mois ; au-delà de ce terme, si elle doit être continuée, elle est convertie, après décision du ministre prise sur avis de la Commission instituée par l'art. 1er de la loi du 11 avril 1881, en indemnité renouvelable de six mois en six mois, chaque renouvellement ayant lieu après nouvelle enquête. Au bout de 3 ans, cette indemnité est supprimée ou définitivement convertie après nouvel examen médical en pension définitive. Il peut y avoir recours au Ministre contre la décision de l'Administrateur de quartier ; mais ce recours devra, pour être recevable, avoir lieu dans la huitaine de la ratification de la décision.

Art. 22. — Il stipule, au 2e alinéa, que tous les fonds constituant, au moment de l'application de la loi, le capital de garantie de la Caisse créée par la loi du 21 avril 1898, seront versés tels qu'ils seront représentés au fonds de réserve institué par l'article 14 de la loi. Cette disposition s'explique par l'unification de toutes les pensions que supporte maintenant la nouvelle Caisse instituée par la loi du 29 décembre 1905, en vertu de son art. 29. Les pensions créées sous le régime de la loi du 21 avril

1898 étant actuellement servies, au moyen du système mixte de répartition avec fonds de réserve, par les ressources provenant de l'art. 3 de la nouvelle loi, les capitaux qui les constituaient n'ont plus raison d'être et ils ont servi à constituer le premier fonds de réserve de la nouvelle Caisse.

Art. 23, 24, 25, 26 et 27. — Ils sont la reproduction des articles correspondants de la loi du 21 avril 1898 ; ils ne nécessitent aucune observation spéciale, leurs dispositions confirment que les règles en vigueur pour les pensions des Invalides de la Marine sont applicables aux pensions et secours annuels accordés par la Caisse de Prévoyance.

Art. 28. — Il ajoute à l'ancien texte que les frais de personnel et de matériel ne pourront dépasser 1 0/0 des ressources moyennes de la Caisse durant les trois années précédentes de son fonctionnement. Dans le projet de budget de la Caisse dressé par les auteurs de la proposition de loi, les frais d'administration sont évalués 15,000 fr. au maximum, soit environ 0,33 0/0 des recettes prévues. Si, ce qui nous paraît improbable, les frais dépassent le 1 0/0 prévu, qui supporterait la différence ? L'Administration de la Caisse des Invalides sans doute qui a la charge de gérer la Caisse de Prévoyance.

Art. 29. — Cet article impose à la nouvelle Caisse la charge de toutes les pensions et les suppléments y afférents ainsi que les secours annuels concédés antérieurement seront rétablis pour la totalité et unifiés aux taux des nouveaux tarifs. C'est le transfert à la nouvelle Caisse de Prévoyance de toutes les charges instituées par la loi du 21 avril 1898 et celles prises antérieurement à cette loi, et ainsi s'expliquent les stipulations du 2e alinéa de l'art. 22.

D'après le rapporteur de la loi, cette unification coûtera à la Caisse pendant longtemps plus de 900,000 fr. par an.

Mais comment unifier les anciennes pensions alors que les règlements qui les ont établies ne prévoyaient pas l'infirmité partielle ? Le règlement d'Administration publique du 14 avril 1906 a réglé la question par les dispositions de son article 14. Aux termes de cet article, les anciennes demi-soldes d'infirmité sont converties d'office, à compter du 1er janvier 1906, en pension du 2e degré, sauf le droit pour les intéressés de réclamer celle du premier degré, lorsque l'accident ou le risque dont ils ont été les victimes a amené en fait une incapacité absolue et permanente de travailler. Il serait intéressant de connaître le nombre et le chiffre des pensions du 1er degré d'infirmité qui seront allouées de ce chef afin de pouvoir apprécier si la charge annuelle de 900,000 fr. prévue est suffisante, car il y avait au 31 décembre 1904 comme titulaires de pensions ou de secours sur l'anceinne Caisse de Prévoyance : 176 invalides, 1,685 veuves, 24 veuves avec orphelins, 71 orphelins de moins de 16 ans, 1,688 enfants de moins de 10 ans et 154 ascendants de 60 ans au minimum.

Art. 30 — Il rend la loi applicable à l'Algérie, à la Martinique, à la Guadeloupe, à la Réunion, à la Guyane, à Saint-Pierre et Miquelon, ainsi qu'à toutes autres colonies où serait légalement exercée l'inscription maritime.

Par son dernier paragraphe, la loi a été rendue exécutoire à partir du 1er janvier 1906 puisqu'elle a été promulguée le 29 décembre 1905.

Art. 31. — Enfin, ce dernier article abroge la législation antérieure contraire à la loi nouvelle y compris le 1er paragraphe de l'art. 81 de la loi de finances du 30 mars 1902 qui avait réduit les cotisations des inscrits prévues par la loi du 21 avril 1898.

Telles sont les dispositions nouvelles essentielles de cette loi du 29 décembre 1905 qui sera certainement bien accueillie par les marins de toutes catégories, car elles les favorisent d'une façon toute particulière.

Il ne sera pas inutile de souhaiter que le législateur ne se soit pas trompé dans ses calculs, comme il l'a fait pour la loi des primes de la marine marchande de 1902 qu'il a dû modifier, et que l'Etat ne soit pas obligé de parfaire de ses deniers. dans un nombre restreint d'années, l'insuffisance éventuelle de la Caisse dont les ressources ordinaires pourraient ne pas suffire pour payer des pensions aussi élevées et pour supporter des charges dont le législateur n'a peut-être pas apprécié ni évalué toute l'étendue.

En tous cas, cette loi fortifie le régime institué par la loi du 21 avril 1898 d'une assurance d'Etat avec cotisations des patrons, des participants et au besoin subventionnée par le Trésor, ressemblant à certains égards au système d'assurance pratiqué en Allemagne que la loi du 29 décembre 1905 accrédite en France et dont elle constituera, espérons-le, l'unique tentative.

LOI SUR LA CAISSE DE PRÉVOYANCE
DES MARINS FRANÇAIS

Le Sénat et la Chambre des Députés ont adopté, le Président de la République promulgue la loi dont la teneur suit :

TITRE Ier

CONSTITUTION, RESSOURCES, CHARGES DE LA CAISSE

Art. 1er. — Il est créé au profit des marins français une caisse nationale de prévoyance contre les risques et accidents de leur profession, annexée à la caisse des invalides de la marine, mais ayant son existence indépendante.

Font obligatoirement et exclusivement partie de cet établissement tous les inscrits maritimes, à partir de l'âge de dix ans, ainsi que le personnel non inscrit embarqué sur tous les bâtiments de mer français autres que les navires de guerre ou ceux exclusivement affectés à un service public.

Art. 2. — La caisse est revêtue de la personnalité civile.

Elle est alimentée :

1° Par la taxe que versent les propriétaires ou armateurs de navires ou de bateaux ;

2° Par la cotisation des participants ;

3° Par des dons ou legs de particuliers et par des subsides éventuels des départements, des communes, des établissements publics et des associations ;

4° Par une subvention accordée sur les fonds provenant de la retenue du 6 p. 100 sur les primes de la marine marchande et fixée annuellement par le ministre de la marine, dans la limite des deux tiers du montant de ces fonds ;

5° Par une retenue qui ne pourra pas dépasser, dans aucun cas, 50 centimes pour 100 fr. sur les marchés à passer pour les dépenses de matériel de la marine ;

6° Par les intérêts des capitaux de la caisse ;

7° En cas d'insuffisance de ces ressources, par des avances de l'Etat, non productives d'intérêts, remboursables au moyen des ressources ultérieures annuellement versées.

Les dons, legs et subsides peuvent être acceptés, alors même qu'ils ont pour affectation spéciale la concession d'indemnités, secours ou pensions supplémentaires, dans des cas déterminés ou au profit des régions expressément désignées.

Art. 3. — La cotisation individuelle à verser par les inscrits et les non-inscrits est fixée comme suit :

1° Pour les inscrits ou non-inscrits naviguant au long cours, au cabotage international ou aux grandes pêches :

Personnel officier ou assimilé, 1 fr. pour 100 fr. des salaires portés sur le rôle d'équipage ;

Personnel non officier, 75 centimes pour 100 fr. des salaires portés sur le rôle d'équipage.

Exception est faite pour les capitaines commandant les navires de commerce qui payeront en outre la même cotisation sur tous les profits accessoires, tels que, notamment, chapeau, remises sur les primes. La cotisation des chefs mécaniciens s'étendra également aux remises qui leur sont attribuées pour économies de charbon. En cas de dissimulation ou de fausse déclaration, les cotisations seront portées au triple du montant des ommissions constatées.

2° Pour les inscrits ou non-inscrits pratiquant le cabotage français, la pêche au large, le pilotage, le bornage ou la petite pêche :

Capitaine, maître, officier ou assimilé, 75 centimes par mois ;

Patron et pilote ou assimilé, 40 centimes par mois ;

Matelot ou assimilé, 30 centimes par mois ;

Novice ou assimilé 20 centimes par mois ;

Mousse ou assimilé, 10 centimes par mois.

Art. 4. — Les propriétaires ou armateurs de navires ou bateaux armés pour le long cours, le cabotage, la grande pêche, la pêche au large et la petite pêche, le pilotage et le bornage, ainsi que les propriétaires de bâtiments de plaisance munis de rôles d'équipage ou de permis de navigation, sont assujettis au versement d'une taxe égale à 3 fr. 50 pour 100 fr. des salaires portés sur le rôle d'équipage pour les inscrits ainsi que pour les non-inscrits indiqués à l'article 1er.

Les propriétaires ou armateurs dont les navires ou bateaux sont armés à la part, sont astreints au versement d'une taxe égale aux sommes fixes mensuelles payables à la caisse des invalides en conformité de l'article 6 de la loi du 11 avril 1881.

Par exception, les patrons propriétaires de bateaux se livrant à la pêche au large, à la petite pêche, au pilotage ou au bornage, qui montent eux-mêmes lesdits bateaux, sont exonérés de la taxe prévue au précédent paragraphe et ne sont assujettis qu'au versement de leur cotisation individuelle prévue à l'article 3.

Les veuves et les orphelins des patrons de cette catégorie jouissent de la même exonération.

Les orphelins en profitent jusqu'à l'âge de seize ans et tant que le plus jeune n'a pas atteint cet âge.

Art. 5. — Les participants qui sont atteints de blessures ou de maladies, ayant leur cause directe dans un accident ou un risque de leur profession survenu pendant la durée d'un embarquement sur un navire français ou s'y rattachant étroitement, ont droit, soit à une pension viagère d'infirmité, soit à une indemnité journalière, fixée, conformément au tarif annexé à la présente loi, dans les conditions ci-après, savoir :

Si l'incapacité de travail qui en résulte est absolue et permanente, ils reçoivent une pension d'infirmité du 1er degré ;

Si l'incapacité de travail, tout en étant permanente, n'est que partielle, ils reçoivent une pension d'infirmité du 2e degré ;

Si l'incapacité de travail n'est que temporaire, les intéressés reçoivent, pendant toute sa durée, une indemnité journalière calculée d'après le taux prévu au susdit tarif pour la pension d'infirmité du 1er degré.

Les mêmes participants peuvent, pendant deux ans à compter de leur débarquement et nonobstant un ou plusieurs embarquements ultérieurs, conserver leurs droits et ceux de leurs ayants cause, en faisant constater, avant chacun de ces nouveaux embarquements, leur état de santé par le médecin que leur désigne l'autorité maritime.

Si l'incapacité permanente partielle dégénère, dans les deux ans, en incapacité permanente et absolue par suite des conséquences de l'accident primitif, elle donne droit à revision et à l'allocation d'une pension d'infirmité du 1er degré.

Aucune pension ni indemnité n'est due au participant qui a intentionnellement provoqué l'accident ou la maladie, la preuve devant être faite par la partie qui allègue la fraude.

Art. 6. — Ont également droit à une pension fixée conformément au tarif susvisé : les veuves des participants qui sont tués ou périssent par suite des causes et dans les conditions prévues à l'article précédent ou qui meurent des conséquences des blessures ou des maladies énoncées audit article, pourvu que le mariage soit antérieur à l'origine desdites blessures ou maladies.

Si la femme titulaire de la pension instituée par le présent article se remarie et redevient veuve, elle ne peut prétendre, du chef de son second mari, à une deuxième pension de même nature que la première, à moins qu'elle ne renonce à celle dont elle jouissait déjà.

Ont droit à la même pension les veuves des participants morts en possession d'une des pensions déterminées par l'article 5, si le mariage est antérieur à l'accident ou à la maladie qui a déterminé l'octroi de cette pension.

La pension n'est jamais acquise à la femme divorcée ou contre laquelle a été prononcée la séparation de corps.

Art 7. — Après le décès du père et de la mère, ou lorsque la mère veuve se trouve, conformément au dernier paragraphe de l'art. 6, déchue de ses droits à la pension, les orphelins des participants décédés dans les conditions susdéfinies ou en possession d'une pension d'infirmité reçoivent, quel que soit leur nombre et jusqu'à ce que le plus jeune ait accompli l'âge de seize ans, un secours annuel unique de taux égal à lceui de la pension que leur mère avait ou aurait obtenue.

Est également, et dans les mêmes conditions, dévolue, comme secours annuel, aux orphelins du père, la pension de veuve demeurée libre par suite de l'option exercée conformément au paragraphe 2 de l'article précédent. Toutefois, les arrérages du secours annuel sont, dans ce cas, payables à la mère tutrice des orphelins.

Les enfants naturels reconnus avant l'origine de la blessure ou de la maladie d'où procède le droit participent au secours dans la même mesure que les enfants légitimes.

A mesure que les aînés atteignent l'âge de seize ans, leur part est reversée sur les plus jeunes.

En cas de coexistence d'orphelins de différents lits venant en concurrence entre eux ou avec la veuve, la division du secours a lieu comme en matière de demi-solde, sous la réserve de la disposition énoncée au deuxième paragraphe du présent article.

Art. 8. — Il est alloué aux participants et aux veuves titulaires des pensions et indemnités accordées en vertu des articles 5 et 6 ci-dessus, pour chacun de leurs enfants âgés de moins de seize ans, un supplé-annuel fixe de 50 fr.

Art. 9. — Lorsque les participants ne laissent après eux ni veuve ni orphelins, un secours annuel et viager dont le taux est déterminé par le tarif annexé à la présente loi est accordé à chacun de leurs ascendants au 1er degré.

En cas de prédécès de l'un des ascendants ou de décès consécutif des deux ascendants au 1er degré, le secours qui aurait été ou a été attribué à chacun des ascendants décédés est reporté sur les ascendants de degrés supérieurs de la même branche, s'il en existe; il est partagé également entre ces derniers, avec réversion sur le ou les survivants.

Les secours déterminés par le présent article ne sont payés qu'aux ascendants âgés d'au moins soixante ans et qui auraient eu le droit à une pension alimentaire. En outre, le même ascendant ne peut être titulaire de plus d'un des secours accordés en vertu du présent article.

Art. 10. — Les pensions et allocations accordées en vertu des articles précédents sont indépendantes des pensions militaires ou civiles, des pensions dites demi-soldes ou dérivées de la demi-solde, ainsi que des secours d'orphelins accordés sur les fonds de l'Etat ou sur ceux de la caisse des invalides de la marine.

Toutefois, les pensions d'infirmité pourront être réduites ou supprimées par le ministre de la marine, sur avis du Conseil d'administration spécial de la Caisse de prévoyance, si des abus ou des fraudes étaient reconnus.

Le titulaire d'une pension d'infirmité du 2e degré qui, ayant continué à naviguer professionnellement, n'aura pu parvenir à réunir, à l'âge de cinquante-cinq ans accomplis, le temps de navigation exigé par la loi du 11 avril 1881 pour avoir droit à une pension dite demi-solde sur la caisse des invalides de la marine, aura droit à la transformation de sa pension d'infirmité du 2e degré en une pension d'infirmité du 1er degré.

Art. 11. — Les dispositions ci-dessus ne font pas obstacle à ce que les participants, leurs ayants cause ou la caisse nationale de prévoyance subrogée à leurs droits, poursuivent les personnes responsables, aux termes de la loi, de l'accident où de la maladie.

Par dérogation aux articles 1384 du Code civil et 216 du Code de commerce, l'armateur ou le propriétaire du navire est affranchi de la responsabilité civile des fautes du capitaine ou de l'équipage. Il ne répond que de sa faute personnelle, intentionnelle ou inexcusable, et sous déduction des indemnités et pensions dues par la Caisse de prévoyance.

Cette déduction s'opère également en faveur de tout participant déclaré personnellement responsable envers un autre participant.

Les indemnités dues par les tiers viennent, au contraire, en déduction des sommes à payer par la Caisse de prévoyance.

Les participants, capitaines ou hommes d'équipage, ne sont tenus à réparation que dans la mesure et dans les conditions indiquées ci-dessus pour l'armateur ou le propriétaire.

Art. 12 — Les pensions et autres allocations accordées en vertu de la présente loi, sont incessibles et insaisissables.

Elles prennent cours :

Pour les participants embarqués sur des bateaux dont les patrons ou leurs veuves sont propriétaires, du jour de leur mise à terre ;

Pour les autres participants, du jour où ils ont cessé de recevoir leurs salaires, conformément à l'article 262 du Code de commerce ;

Pour les veuves, les orphelins et leurs ascendants, du jour du décès qui y ouvre des droits ou, en cas de disparition à la mer, du jour des dernières nouvelles.

Toute condamnation à une peine infamante ou à une peine correctionnelle de plus de six mois d'emprisonnement entraîne, pendant sa durée, la suspension du payement de la pension ou autre allocation. Le payement est rétabli en cas de réhabilitation ou de grâce ou à l'expiration de la peine.

Pendant la suspension du payement de la pension ou autre allocation, la femme ou les enfants de l'ayant droit reçoivent, à sa place, le montant des arrérages correspondant à la période de suspension.

Art. 13. — Le payement des pensions et secours annuels à la charge de la Caisse de prévoyance est garanti au moyen :

1° Des cinq premières espèces de recettes prévues à l'article 2 et afférentes à l'année, à l'exclusion toutefois des dons, legs et subsides ayant une affectation spéciale et complémentaire ;

2° S'il y a lieu, d'un prélèvement sur le fonds de réserve constitué en vertu de l'article 14 de la présente loi ;

3° En cas d'insuffisance de ces ressources, d'avances remboursables de l'Etat égales au déficit.

Art. 14. — Lorsque le produit des ressources annuelles de la Caisse dépasse le chiffre nécessaire au service des pensions et secours, l'excédent constitue une réserve destinée à couvrir, jusqu'à due concurrence, les déficits qui pourraient se produire ultérieurement et à rembourser les avances de l'Etat.

Dans le cas où, par suite de l élévation du fonds de réserve, la situation économique et la prospérité assurée de la Caisse de prévoyance le permettraient, les cotisations des participants pourront être réduites, ainsi que les taxes correspondantes, dans les formes indiquées à l'article 16 ci-après.

Art. 15. — Si le produit des ressources annuelles énumérées aux alinéas numérotés 1er et 2e de l'article 13, ne suffisent pas pour équilibrer les dépenses de l'année et que l'Etat soit obligé de parfaire le déficit au moyen d'avances, ces avances devront être remboursées à l'Etat lorsque les recettes viendront à l'emporter sur les charges.

Art· 16. — Le taux des réductions prévues à l'article 14, de même que le montant des remboursements à l'Etat seront fixés par décret rendu sur la proposition des miuistres de la marine et des finances, sur avis conforme du Conseil d'administration institué par l'article 18. Les modifications de taux sont applicables à partir du 1er janvier de l'année qui suit le décret qui les prononce.

TITRE II

ADMINISTRATION DE LA CAISSE. — DISPOSITIONS DIVERSES

Art. 17. — Le ministre de la marine est chargé de la gestion de la Caisse de prévoyance, avec le concours des fonctionnaires et agents ayant l'administration et la gestion de la caisse des invalides de la marine.

Le contrôle financier de l'institution appartient à la Commission supérieure de l'établissement des invalides de la marine.

Art. 18. — Il est créé, au ministère de la marine, un conseil d'administration spécial de la Caisse de prévoyance.

Ce conseil est composé :

1ᵉ De deux sénateurs et de deux députés, dont l'un président, nommés par le ministre de la marine ;

2o De deux représentants du Conseil supérieur de l'établissement des invalides, désignés par ce Conseil ;

3o D'un conseiller d'Etat et d'un conseiller à la cour des comptes nommés par le ministre de la marine ;

4o Du directeur de la marine marchande et de l'administrateur de l'établissement des invalides, membres de droit ;

5o De cinq représentants de l'armement et de cinq représentants des participants, nommés par leurs comités ou syndicats respectifs, à raison d'un capitaine au long cours, un représentant des officiers mécaniciens, un inscrit du pont ou de la machine, un agent du service général et un pêcheur.

Les membres désignés aux paragraphes 1, 2, 3 et 5, sont nommés pour trois ans.

Il est spécialement consulté sur l'emploi et le placement des fonds de la caisse de prévoyance et donne son avis sur les questions et projets relatifs à l'organisation et à la réglementation de l'institution.

Art. 19. — Le calcul des taxes et cotisations à percevoir en conformité des articles 3 et 4 a pour base les rôles de désarmement des navires et embarcations dressés par l'administration de la marine.

La réglementation relative au recouvrement des droits dus à la caisse des invalides de la marine est appliquée pour la perception des taxes et cotisations.

Art. 20. — Pour faire valoir ses droits à l'une des allocations prévues à l'article 5, le participant doit, sous peine de déchéance, adresser à l'administrateur de l'inscription maritime, dans le délai de six mois qui suit son débarquement ou son retour en France, s'il est débarqué à l'étranger ou aux colonies, une demande écrite ou verbale dont il lui est donné récépissé.

La même demande, dont il est donné également récépissé, doit, sous peine de déchéance, être adressée dans le délai d'un an à partir du jour de la mort du participant ou dans le délai de deux ans à partir du jour de ses dernières nouvelles, s'il a disparu en mer, par les veuves, orphelins, ascendants ou tuteurs qui invoquent le bénéfice des articles 6 à 10.

Dans le cas de disparition, la demande est instruite dès la décision du ministre de la marine établissant la disparition du marin ou la perte corps et biens du bâtiment ou de l'embarcation qu'il montait.

Un règlement d'administration publique déterminera les justifications à produire pour l'établissement du droit, ainsi que les délais dans lesquels ces justifications devront étre présentées. En ce qui concerne la pension d'infirmité et la revision prévue à l'article 5, l'instruction comportera la visite par la commission spéciale instituée par l'article 1er de la loi du 11 avril 1881 et la constatation par cette commission que l'état de l'impétrant provient des causes et produit les conséquences spécifiés à l'article 5.

Art. 21. — Les pensions d'infirmité, les pensions de veuves et les secours aux orphelins ou ascendants qui en dérivent sont accordés suivant la procédure en vigueur pour la concession de la pension dite demi-solde.

L'indemnité journalière est accordée sans délai par décision de l'administrateur du quartier, sauf recours au ministre de la marine, après enquête administrative effectuée d'urgence et pour une durée qui ne pourra excéder quatre mois.

Au delà de ce terme, elle peut, sur un avis conforme de la commission de visite instituée par l'article 1er de la loi du 11 avril 1881, être transformée, par décision du ministre, en une indemnité renouvelable de six mois en six mois, chaque renouvellemeat ayant lieu après enquête. Au bout de trois années à partir de la décision ministérielle spécifiée au précédent paragraphe, cette indemnité renouvelable est supprimée ou convertie, après une nouvelle visite, en pension d'infirmité, conformément à l'article précédent.

Le recours au ministre dont il est parlé au paragraphe 2 du présent article devra avoir lieu dans la huitaine de la notification de la décision prise par l'administrateur du quartier.

Art. 22. — Les fonds de la caisse nationale de prévoyance sont employés en rentes sur l'Etat, en valeurs du Trésor et en obligations garanties par l'Etat.

Les fonds constituant, au moment de la promulgation de la présente loi, le capital de garantie créé sous le régime de la loi du 21 avril 1898, sont versés tels qu'ils seront alors représentés, c'est-à-dire en rentes sur l'Etat, valeurs du Trésor ou obligations garanties par l'Etat, au fonds de réserve institué par l'article 14 ci-dessus indiqué.

Art. 23. — Il est tenu à l'administration centrale de l'établissement des invalides de la marine un grand-livre sur lequel sont enregistrés les pensions et secours annuels au fur et à mesure de leur constitution.

Un certificat d'inscription formant titre est délivré à l'ayant droit.

Art. 24. — Les arrérages des pensions viagères et des secours annuels de la Caisse nationale de prévoyance sont payés par trimestre sur la production d'un certificat de vie.

Art. 25. — Les pensions et secours annuels sont rayés du grand-livre après trois ans de non-réclamation des arrérages, sans que leur rétablissement donne lieu à aucun rappel d'arrérages antérieur à la réclamation.

La même déchéance est applicable aux héritiers ou ayants cause des pensionnaires qui n'auront pas produit les justifications de leurs droits dans les trois ans qui suivront la date du décès de leurs auteurs.

Les arrérages de pensions non payés, mais réclamés dans les trois ans qui ont suivi le décès du pensionnaire, ne sont plus passibles que de la prescription quinquennale.

Art. 26. — Les actes de l'état civil, les certificats de notoriété et autres pièces relatives à l'exécution de la présente loi sont délivrés gratuitement par les maires ou par les syndics de gens de mer et dispensés des droits de timbre et d'enregistrement.

Art. 27. — Les règles en vigueur en ce qui concerne la liquidation et le payement des pensions dites de demi-solde sont applicables aux pensions et secours annuels concédés sur la caisse nationale de prévoyance pour tout ce qui n'est pas spécifié par la présente loi.

Art, 28. - La caisse nationale de prévoyance supporte les dépenses spéciales d'administration qu'entraîne son fonctionnement. Toutefois, les frais de personnel et de matériel concernant le service central à Paris ne peuvent dépasser 1 % du montant des ressources moyennes de la caisse durant les trois années précédentes de son fonctionnement.

Art. 29. — Les pensions et les suppléments y afférents, ainsi que les secours annuels concédés antérieurement à la promulgation de la présente loi, seront unifiés aux taux des nouveaux tarifs qui l'accompagnent.

Les pensions et allocations qui ont été réduites de la moitié, en exécution de l'article 10 de la loi du 21 avril 1898, seront rétablies pour la totalité et unifiées aux taux des nouveaux tarifs.

Art. 30. — La présente loi est applicable à l'Algérie, à la Martinique, à la Guadeloupe, à la Réunion, à la Guyane, aux îles Saint-Pierre et Miquelon et à toutes autres colonies où serait légalement exercée l'inscription maritime.

Elle deviendra exécutoire à partir du 1er janvier qui suivra la date de sa promulgation.

Art. 31. — Sont et demeurent abrogées toutes les dispositions antérieures contraires à la présente loi.

Est également abrogé le paragraphe 1er de l'article 81 de la loi de finances du 30 mars 1902.

La présente loi, délibérée et adoptée par le Sénat et par la Chambre des députés, sera exécutée comme loi de l'Etat.

Fait à Paris, le 29 décembre 1905.

Emile LOUBET.

Par le Président de la République :

Le ministre de la marine,

Gaston THOMPSON.

Tarif des pensions d'infirmité, des pensions et des secours annuels pour l'exécution de la loi du 29 décembre 1905.

DÉSIGNATION	PENSION D'INFIRMITÉ — (Art. 5.)		PENSIONS de veuves ou secours annuels aux orphelins. — (Art. 6 et 7.)	SECOURS annuel aux ascendants. — (Art. 9.)	SUPPLÉMENT annuel pour enfant âgé de moins de 16 ans. — (Art. 8.)
	1er degré.	2e degré			
	francs.	francs.	francs.	francs.	francs.
* Capitaines au long cours titulaires du brevet supérieur. — Mécaniciens de 1re classe dirigeant, pendant leur dernier embarquement, une machine de 4,000 chevaux effectifs et au delà..................	2.200	1.430	1.100	550	
* Capitaines au long cours non titulaires du brevet supérieur. — Mécaniciens de 1re classe dirigeant, pendant leur dernier embarquement, une machine d'une force inférieure à 4,000 chevaux effectifs. — Docteurs-médecins...	1.600	1.040	800	400	
* Maîtres au cabotage, officiers de la marine marchande. — Mécaniciens de de 1re classe. — Mécaniciens de 2e classe dirigeant une machine pendant leur dernier embarquement. — Commissaires. — Officiers de santé	1 320	840	720	360	
* Inscrits maritimes titulaires du brevet de pilote d'une station de mer, de patron breveté pour la pêche d'Islande, de mécanicien de 2e classe. — Médecins des grandes pêches non pourvus du brevet d'officier de santé. — Économes. — Comptables et sous-commissaires	1.000	650	600	300	50
Inscrits maritimes non titulaires de l'un des brevets ci-dessus et embarqués en dernier lieu comme officiers au cabotage, ou à la grande pêche, ou comme patrons d'embarcations pratiquant la pêche au large, ou exerçant en mer la petite pêche, ou le bornage, ou le pilotage. — Agents de service des deux sexes ayant une paye mensuelle supérieure à 75 fr.............	800	520	480	240	
Inscrits maritimes ne se trouvant dans aucune des catégories ci-dessus. — Agents de service des deux sexes ayant une paye mensuelle de 75 fr. et au-dessous..................	600	390	360	180	

Vu pour être annexé à la loi du 29 décembre 1905.

Par le Président de la République :
Le Ministre de la Marine,
GASTON THOMSON.

Le Président de la République française,
ÉMILE LOUBET.

* Pour les mécaniciens, voir page 14 les modifications apportées par la loi de Finances du 17 avril 1906.

Le Président de la République française,

Sur le rapport du Ministre de la Marine,

Vu l'article 20 de la loi du 29 décembre 1905 sur la caisse de prévoyance des marins français, dont le quatrième paragraphe est ainsi conçu : « Un règlement d'administration publique déterminera les justifications à produire pour l'établissement du droit, ainsi que les délais dans lesquels ces justifications devront être présentées... » ;

Vu le décret du 20 décembre 1898 ;

Le Conseil d'Etat entendu,

Décrète :

Article premier. — Dans les cas prévus par les articles 5 et 6 de la loi du 29 décembre 1905, la blessure, la maladie ou la mort du participant est immédiatement constatée par un rapport détaillé qui spécifie l'époque, le lieu et les circonstances de l'événement.

Art. 2. — Ce rapport est fait par le capitaine, maître ou patron, ou ceux qui les remplacent.

Les déclarations des témoins y sont annexées.

Lorsque, pour une cause quelconque, ce rapport ne peut être rédigé à bord, il est dressé au premier atterrissage; s'il s'y trouve une autorité maritime, coloniale ou consulaire, le rapport est établi devant cette autorité.

Dans tous tous les cas, le rapport et les déclarations annexées sont établis en deux expéditions :

L'une est remise à l'autorité maritime, coloniale ou consulaire du lieu de mouillage ou du premier port où aborde le navire, et transmise sans délai, par cette même autorité, soit à l'administrateur du quartier d'inscription du marin, soit, s'il s'agit d'un non-inscrit, à l'administrateur du port d'attache choisi par lui, pour être tenue à la disposition de l'intéressé ou de ses ayants droit;

L'autre demeure annexée au rôle d'équipage ou au permis de navigation.

Lorsque la blessure, la maladie ou la mort est survenue à terre, le rapport peut être dressé par l'autorité maritime, coloniale ou consulaire du lieu. Les deux expéditions du rapport et les déclarations y annexées sont transmises à l'administrateur de l'inscription maritime désigné au paragraphe 5 du présent article; l'une de ces expéditions reste déposée aux archives du quartier, l'autre est tenue à la disposition de l'intéressé ou de ses ayants droit.

Art. 3. — Lorsqu'il y a un médecin à bord, celui-ci établit un certificat relatant la nature, les symptômes et la cause de la maladie, le mode de traitement et, s'il y a lieu, les circonstances du décès.

Une copie de ce certificat est jointe au rapport prévu au paragraphe 1er de l'article 2 et reçoit la destination prévue au paragraphe 5 dudit article. L'original demeure annexé au rôle d'équipage ou au permis de navigation.

Lorsque le participant malade ou blessé a été laissé à terre, un certificat de même nature est établi par un médecin du lieu, à la requête et sous le visa de l'autorité maritime, coloniale ou consulaire.

Cette autorité conserve une copie du certificat et adresse sans délai l'original à l'administrateur de l'inscription maritime désigné au paragraphe 5 de l'article 2, pour être tenu à la disposition de l'intéressé ou de ses ayants droit.

Art. 4. — Toute demande tendant à obtenir soit directement, soit par voie de conversion une des allocations prévues par la loi du 29 décembre 1905, doit être remise, contre un récépissé extrait d'un registre à souche, soit à l'administrateur de l'inscription maritime du quartier du postulant, soit, s'il s'agit d'un non-inscrit, à l'administrateur de son port d'attache.

Toutefois, toute demande d'indemnité journalière peut également être remise à l'administrateur de l'inscription maritime du lieu où se trouve le participant; cet officier statue sur la demande et avise de sa décision le quartier ou le port d'attache du postulant.

Art. 5. — La demande de pension d'infirmité est transmise par l'administrateur de l'inscription maritime, avec les pièces justificatives ci-dessus spécifiées et un relevé des états de service, au chef du service de l'inscription maritime. Celui-ci doit convoquer l'intéressé, en temps utile, pour le faire visiter, lors de la plus prochaine réunion de la commission spéciale instituée par l'article premier de la loi du 11 avril 1881 sur les pensions dites « demi-soldes ».

Art. 6. — Lorsqu'il s'agit d'une demande soit de transformation d'indemnité journalière en indemnité renouvelable, soit de conversion de cette dernière indemnité en pension, soit de conversion de pension d'infirmité du deuxième degré en pension d'infirmité du premier degré, pour aggravation survenue dans les deux ans qui suivent la décision ministérielle ayant accordé la pension du deuxième degré, le dossier des enquêtes administratives prévues par l'article 21 de la loi du 29 décembre 1905 est produit à l'appui de la demande et l'instruction se poursuit dans la forme tracée à l'article précédent.

Art. 7. — La commission spéciale fait comparaître devant elle l'intéressé, examine son état et consigne le résultat de sa visite dans un procès-verbal.

Art. 8. — Lorsque, à raison de son état de santé, un participant est incapable de se présenter devant la commission spéciale, la visite peut, sur autorisation du Préfet maritime donnée au vu d'un certificat médical établissant le fait, être effectuée au domicile de l'intéressé par une délégation de ladite commission.

Le résultat de cette visite est consigné dans un rapport indiquant l'impossibilité pour l'intéressé de se déplacer et concluant sur le fond de la demande.

Ce rapport est remis à la commission spéciale qui décide si l'intéressé doit se présenter devant elle; dans le cas contraire, elle formule son appréciation sur l'état physique du participant et conclut sur le fond de la demande.

Art. 9. — Le procès-verbal établi par la commission spéciale et les justifications soumises à son examen doivent être, quelles que soient les conclusions de la commission, transmis sans délai au Ministre de la Marine.

Art. 10. — Dans les cas prévus par les articles 6, 7 et 9 de la loi du 29 décembre 1905, les veuves, orphelins ou ascendants doivent justifier de leur droit aux pensions ou secours annuels institués par ladite loi, par la production de l'original ou d'une copie certifiée conforme par l'administration du quartier d'inscription du marin ou, s'il s'agit d'un non-inscrit, par celui de son port d'attache, du rapport détaillé, des dépositions des témoins et du certificat mentionnés aux articles 1er et 3 du présent décret.

Si le participant a disparu en mer ou s'il était embarqué sur un navire qui a péri corps et biens, la seule justification à produire consiste, soit dans la copie certifiée du procès-verbal de disparition, soit dans les pièces exigées pour la preuve administrative du décès en vue de l'obtention des pensions prévues par la loi du 11 avril 1881.

Les demandes de pensions ou secours annuels sont remises, contre récépissé extrait d'un registre à souche, à l'administrateur de l'inscription maritime, désigné au paragraphe 1er, qui est chargé de les instruire et d'établir les mémoires de propositions.

Art. 11. — Toutes les justifications à fournir par l'intéressé doivent, à peine de déchéance, être produites dans un délai qui, ajouté au délai imparti par l'article 20 de la loi du 29 décembre 1905, ne peut, en aucun cas, dépasser cinq ans.

Dans le cas prévu par le paragraphe 6 de l'article 5 de la loi du 29 décembre 1905, le délai de production des pièces est de six mois, à dater de l'expiration de la période de deux ans prévue audit paragraphe.

Art. 12. — Dans le cas où l'intéressé se trouve dans l'impossibilité de produire les justifications prévues au présent décret, il doit, à peine de déchéance, en aviser dans le même délai l'administrateur de son quartier d'inscription ou, s'il est non inscrit, de son port d'attache. Il est alors procédé à une enquête par les soins de l'autorité maritime.

Art. 13. — Le Conseil supérieur de santé de la marine donne son avis sur toutes les demandes d'allocations ou de conversions d'allocations formées en vertu de la loi du 29 décembre 1905, à l'exception des demandes d'indemnité journalière.

Art. 14. — Les demi-soldes d'infirmités sont converties d'office, à compter du 1er janvier 1906, en pensions du deuxième degré.

Seront toutefois, sur la demande des intéressés, élevées au tarif de premier degré :

1° Les demi-soldes des inscrits qui justifieraient qu'au moment de la concession de leur pension, ils étaient atteints d'incapacité absolue et permanente du travail;

2° Les demi-soldes des inscrits qui, ayant obtenu une demi-solde d'infirmité dans le courant des deux années qui ont précédé la date d'application de la loi du 29 décembre 1905, se trouveraient dans les conditions prévues par le paragraphe 6 de l'article 5 de ladite loi.

Les inscrits mentionnés au n° 1 du présent article et ceux des inscrits mentionnés au n° 2, dont l'état se serait aggravé antérieurement à la date de publication du présent décret, devront introduire leur demande dans les six mois qui suivront cette date.

La demande sera instruite dans les formes déterminées par les articles qui précèdent.

Art. 15. — Est abrogé le décret du 20 décembre 1898.

Art. 16. — Le Ministre de la Marine est chargé de l'exécution du présent décret, qui sera publié au *Journal officiel* et inséré au *Bulletin des lois*.

Fait à Paris, le 14 avril 1906.   A. FALLIÈRES.

Par le Président de la République

Le Ministre de la Marine,

Gaston THOMSON.

ORLÉANS. — IMP. AUGUSTE GOUT & Cⁱᵉ

www.ingramcontent.com/pod-product-compliance
Lightning Source LLC
Chambersburg PA
CBHW061110050726
47594CB00005B/1867